AF523078

DON
BOSCO

Anna Thekla Ruhe

Rauf auf die Stühle!

Bewegungsspiele mit Reimen und Mitmachgeschichten für die Kita

Gerne nehmen wir Ihre Anregungen, Wünsche, Kritik oder Fragen entgegen:
Don Bosco Medien GmbH, Sieboldstraße 11, D-81669 München
anregungen@donbosco-medien.de
Servicetelefon: +49(0)89 48008-341

Bibliografische Information der Deutschen Nationalbibliothek

Die Deutsche Nationalbibliothek verzeichnet diese Publikation in der Deutschen Nationalbibliografie; detaillierte bibliografische Daten sind im Internet über http://dnb.d-nb.de abrufbar.

2. Auflage 2022 / ISBN 978-3-7698-2527-5

www.donbosco-medien.de
Umschlag: Liliane Oser
Innenlayout: Don Bosco Medien GmbH, München
Illustrationen innen: Karina Grünwald
Lektorat: UNGER-KUNZ. Lektorat- und Redaktionsbüro
Satz: Don Bosco Medien GmbH, München
Produktion: Don Bosco Druck & Design, Ensdorf

Gedruckt auf umweltfreundlichem Papier

Inhalt

Vorwort

Bewegungen und sportliche Übungen bringen den Körper in Schwung. Sie machen gute Laune, sorgen für eine Menge Spaß und fördern die Grobmotorik genauso wie die Feinmotorik. Das Gleichgewicht wird unterstützt und die Sinne sensibilisiert. Dadurch wird der Körper dazu angeregt, im Ganzen zusammenzuwirken, sich zu organisieren, um sich dann auf etwas Neues einzulassen. Die Bewegungsabläufe werden sicherer und es gelingt dem Kind, sich besser mit anderen auseinanderzusetzen. Je mehr Bewegungselemente im Alltag miteingebunden werden, desto größer ist die Motivation der Kinder, sich daran zu beteiligen. Außerdem tragen sie dazu bei, dass das Kind harmonisch und lustvoll seinen weiteren Tag gestalten kann. Aufgestaute Spannungen werden durch die Bewegungen abgebaut und in eine positive Reaktion umgewandelt. Entscheidend sind dabei die kindliche Freude und die Lust am Bewegen und am Ausprobieren.

Die nachfolgenden Bewegungsspiele und Mitmachgeschichten verbinden außerdem das genaue Hinhören und das zielgerichtete Umsetzen der Texte miteinander. Die Kinder bewegen sich in einem für sie überschaubaren Rahmen, ohne Druck und zusätzliche Stressfaktoren.

Sie lernen Regeln einzuhalten, sich in verschiedene Situationen hineinzudenken und sie üben den spielerischen Umgang untereinander. Das gemeinsame Spielen fördert den Zusammenhalt der Gruppe und wirkt sich positiv auf das Sozialverhalten der Kinder aus.

Die unterschiedlichen Ideen in diesem Buch ermöglichen den Kindern eine Vielzahl an Bewegungen. Dabei werden einzelne Körperteile ganz bewusst in den Mittelpunkt gestellt oder die Bewegungsabläufe sind so gestaltet, dass die Kinder ihren Körper bewusst wahrnehmen. Bei einigen Spielen wechseln sich Bewegungselemente mit kurzen Ruhepausen ab.

Sie stärken zusätzlich das Bewusstsein der Kinder für ihren Körper und vermitteln ihnen so ein positives Körpergefühl.
Eine schnelle Reaktion, eine gute Übersicht sowie das vorausschauende Mitdenken werden bei den Mitmachgeschichten eingefordert. Sie nehmen die Kinder mit in eine Fantasiewelt, in der der Text die spielerischen Situationen und die Bewegungen vorgibt.
Da Sprache und Bewegungen immer eine enge Verbindung eingehen, enthalten viele der Bewegungsreime lustige Wortspielereien. Sie sind in kindgerechter Form geschrieben und sollen die Kinder zusätzlich motivieren und zum Mitmachen auffordern.
Die Umsetzung der Bewegungsreime und der Mitmachgeschichten kann sowohl im Gruppenraum als auch im Bewegungsraum stattfinden. Manche Spiele lassen sich auch auf einer Wiese oder auf dem Spielplatz durchführen. Die Kinder sollten die jeweiligen Texte aber immer zuerst einmal kennenlernen. Bei manchen Übungen ist es auch sinnvoll, einzelne Bewegungsabläufe zu besprechen oder im Vorfeld auszuprobieren. Durch häufige Wiederholungen verfestigt sich der Text. Die Bewegungen sowie der Ablauf der einzelnen Spiele gestalten sich dadurch einfacher und spontaner. Planen Sie auch immer wieder kleine Pausen mit ein, in denen die Kinder ihrem Bewegungsdrang frei nachgehen können. Danach sind sie aufmerksamer und konzentrierter und weitere Spiele lassen sich schneller und einfacher umsetzen.
Für die Mitmachideen in diesem Buch braucht es oft nicht mehr als einen Stuhl. Bei manchen Spielen reicht auch eine rutschfeste Matte. Sie sind Ankerpunkte, Ruhesitze oder werden aktiv in das Spielgeschehen miteingebunden. Zwischen den Stühlen sollte so viel Platz sein, dass sich die Kinder ohne große Probleme zwischen ihnen hindurchbewegen können. Falls der Platz für einen großen Kreis im Gruppenraum nicht ausreicht, bilden Sie einfach einen inneren und einen äußeren Kreis oder stellen Sie die Stühle ungeordnet im Raum auf.

Nun wünsche ich Ihnen viele bewegliche und spannende Momente mit den Kindern.

Anna Thekla Ruhe

Monster, Geist und kleine Maus schauen aus dem Stuhlhaus raus

Stuhlspiele und Mitmachreime für Rhythmusgefühl und Sprachverständnis

Die Monster in der Monsterhöhle

Und so wirds gespielt:
Jedes Kind legt sich unter seinen Stuhl, mit Blick nach oben.

Die Monster in der Monsterhöhle, machen heute ein Gegröle.	*Laut grölen*
Man hört sie sogar auf dem Dach, denn sie machen ganz laut Krach.	*An die Unterseite der Sitzfläche klopfen*
Und um sich dort zu begrüßen, stampfen sie mit ihren Füßen.	*Mit den Füßen auf den Boden stampfen*
Dabei schauen sie grimmig aus und blubbern aus dem Mund heraus.	*Fratzen machen und mit dem Mund blubbern*
Manche rollen mit den Augen,	*Die Augen verdrehen*
man hört sie auch mal ganz laut saugen.	*Die Luft hörbar einsaugen*
Sie rümpfen die Nase und fletschen die Zähne,	*Nase rümpfen, Zähne zeigen*
auch streicheln sie gerne die wilde Mähne.	*Über die eigenen Haare streichen*
Doch manchmal sind sie auch ganz leise,	*Kurz still liegen*
denn dann drehen sie sich im Kreise.	*Auf den Bauch drehen*
Und dort klopfen sie im Keller, immer, immer, immer schneller.	*Mit den Händen auf den Boden patschen*
Dabei öffnen sie den Rachen, um damit ganz laut zu lachen.	*Mund öffnen und laut lachen*
Dann zappeln sie noch wild herum	*Herumzappeln*
und drehen sich noch einmal um.	*Auf den Rücken drehen*
Danach gehen die Augen zu,	*Die Augen schließen*
denn in der Höhle herrscht nun Ruh.	*Für einen Moment still liegenbleiben*

Unser Stuhlhaus

Und so wirds gespielt:

Jedes Kind liegt auf dem Rücken unter seinem Stuhl. Die Spielleitung klopft am Ende des Spiels verschiedene Rhythmen auf der Sitzfläche ihres Stuhls vor, die Kinder klopfen den Rhythmus auf ihren Stühlen nach. Dazu werden die Fingerspitzen, die Knöchel, die Fäuste oder die flache Hand benutzt.

Wir liegen unter unserm Stuhl, denn da ist es supercool. Dort können wir uns schütteln und an den Fenstern rütteln.	 *Den Körper schütteln* *Die Stuhlbeine umfassen und bewegen*
Denn der Stuhl ist unser Haus, doch jetzt krabbeln wir dort raus. Wir setzen uns kurz auf das Dach und machen dort ein wenig Krach.	*Unter dem Stuhl hervorkommen* *Auf den Stuhl setzen, klatschen und stampfen*
Nun krabbeln wir schnell wieder rein, unser Körper wird ganz klein. Dann strecken wir uns wieder aus und piepsen wie die Kellermaus	*Unter den Stuhl krabbeln* *Den Körper dort etwas einrollen* *Sich wieder ausstrecken* *Wie eine Maus piepsen*
Unsre Hände sollen klatschen, die Füße auf den Boden patschen. Wir winken noch den andern zu und rufen dabei ganz laut „Buhuh!“	*In die Hände klatschen* *Mit den Fußrücken auf den Boden klopfen* *Einander zuwinken* *„Buhuh!“ rufen*
Danach drehen wir uns um, unser Mund ist still und stumm. Nun kratzen unsre Fingerspitzen von unten an den harten Sitzen.	*Auf den Rücken drehen* *Den Mund schließen und sich stillhalten* *Mit den Fingernägeln an die Unterseite der Sitzfläche kratzen*

Jetzt kommen wir schnell wieder raus und knien vor unserm kleinen Haus.	*Unter dem Stuhl hervorkommen* *Sich vor dem Stuhl hinknien*
Von Ferne hören wir es klopfen, als ob die Regentropfen tropfen.	*Mit den Fingerspitzen auf die Sitzfläche klopfen*
Hört nur, wie es klingt, wenn der Regen singt.	*Die Spielleitung klopft verschiedene Rhythmen vor, die die Kinder nachklopfen*

Pille, pille, palle, pu

Und so wirds gespielt:
Jedes Kind sitzt auf seinem Stuhl. Die Stühle stehen mit etwas Abstand voneinander im Kreis. Vorab gibt die Spielleitung den Kindern folgende Bewegungshinweise:

Pille, pille,	*Die Schultern mehrmals überkreuz berühren*
palle,	*Den Kopf und die Oberschenkel berühren*
pu.	*Die Füße berühren*

Pille, pille, palle, pu, im Kreis, da sitzen ich und du. Wir gehen nun um unsern Stuhl, denn das finden wir ganz cool.	*s. o.* *Auf sich selbst und dann auf das Gegenüber zeigen* *Um den eigenen Stuhl gehen* *Daumen-hoch-Geste machen*
Pille, pille, palle, pu, im Kreis, da sitzen ich und du. Wir hocken neben unserm Stuhl, denn das finden wir ganz cool.	*s. o.* *Auf sich selbst und dann auf das Gegenüber zeigen* *Sich neben dem Stuhl hinhocken* *Daumen-hoch-Geste machen*

Varianten:

- Wir stehen nun auf unserm Stuhl ...
- Wir sitzen hinter unserm Stuhl ...
- Wir liegen unter unserm Stuhl ...

Das Mäusehaus

Und so wirds gespielt:

Die Stühle stehen im Kreis und die Kinder setzen sich darauf. Die Spielleitung stellt pantomimisch eine Katze dar.

In unserm kleinen Häuschen, da leben viele Mäuschen.	*Nach vorne beugen und die Hände als Mäuseohren an den Kopf halten*
Sie trippeln und sie flitzen, sie zappeln und sie sitzen.	*Sich aufrichten und die genannten Bewegungen in der Kreismitte ausführen*
Sie schleichen durch das ganze Haus und geben sich auch mal Applaus.	*Genannte Bewegungen in der Kreismitte ausführen*
Doch kommt die Katz in das Versteck,	*In den Kreis treten (Spielleitung als Katze)*
dann sind sie plötzlich alle weg.	*Schnell unter die Stühle krabbeln*

In unsrem kleinen Häuschen, da leben viele Mäuschen. Sie stampfen und sie hinken, sie piepen und sie winken.	*s. o.* *Sich aufrichten und die genannten Bewegungen in der Kreismitte ausführen*
Sie schleichen durch das ganze Haus und geben sich auch mal Applaus. Doch kommt die Katz in das Versteck, dann sind sie plötzlich alle weg.	*Genannte Bewegungen in der Kreismitte ausführen* *In den Kreis treten (Spielleitung als Katze)* *Schnell unter die Stühle krabbeln*

Varianten:

Sie gehen und sie stehen,
sie klatschen und sie patschen.

Sie klopfen und sie singen,
sie brummen und sie springen.

Ribbel, ribbel, rubbel

Und so wirds gespielt:

Die Kinder sitzen auf ihren Stühlen im Kreis.

Ribbel, ribbel, rubbel, ribbel, rubbel, rum. Ribbel, ribbel, rubbel, geh um den Stuhl herum.	*Die Hände rhythmisch aneinanderreiben* *Einmal um den Stuhl herumgehen*
Ribbel, ribbel, rubbel, ribbel, rubbel, rum. Ribbel, ribbel, rubbel, stampf um den Stuhl herum.	*s. o.* *Einmal um den Stuhl herumstampfen*

Varianten:

- ... patsch um den Stuhl herum.
- ... klatsch um den Stuhl herum.
- ... zappel um den Stuhl herum.
- ... hüpf um den Stuhl herum.

Tipps:

- Anstatt die Hände zu reiben, lassen sich auch die Oberschenkel, die Oberarme oder der Bauch rhythmisch streicheln.
- Bei wenig Platz können sich die Kinder auch um sich selbst drehen oder um eine rutschfeste Matte gehen. In diesem Fall wird die letzte Zeile so verändert: „... dreh dich rundherum“ oder „... geh um die Matte rum“.

Nach rechts und links

Und so wirds gespielt:

Alle Kinder sitzen auf ihren Stühlen. Die Stühle stehen eng, ohne Abstand dazwischen, im Kreis.

Nach rechts, nach rechts, alles rutscht nach rechts. Nach rechts, nach rechts, alles rutscht nach rechts.	*Bei „rechts" immer einen Platz weiter nach rechts rutschen*
Aufstehen, tanzen, setzen.	*Die genannten Bewegungen ausführen*
Nach links, nach links, alles rutscht nach links. Nach links, nach links, alles rutscht nach links.	*Bei „links" immer einen Platz weiter nach links rutschen*
Aufstehen, winken, setzen.	*Die genannten Bewegungen ausführen*

Varianten:

- Aufstehen, stampfen, setzen.
- Aufstehen, zappeln, setzen.
- Aufstehen, strecken, setzen.
- Aufstehen, bücken, setzen.
- Aufstehen, trippeln, setzen.

Beine, Füße, Knie

Und so wirds gespielt:

Die Kinder sitzen im Kreis auf ihren Stühlen.

Die Beine nach rechts und wieder zurück. Die Beine nach rechts und wieder zurück.	*Beide Beine gleichzeitig nach rechts schwingen* *Wieder zurück in die Ausgangsposition stellen* *Bewegung wiederholen*
Nun durch die Mitte flitzen und danach wieder sitzen.	*Schnell durch den Kreis gehen* *Zum Platz zurückkehren*
Die Beine nach links und wieder zurück. Die Beine nach links und wieder zurück.	*Beide Beine gleichzeitig nach links schwingen* *Wieder zurück in die Ausgangsposition stellen* *Bewegung wiederholen*
Nun durch die Mitte flitzen und danach wieder sitzen.	*Schnell durch den Kreis gehen* *Zum Platz zurückkehren*

Varianten:

- Die Beine nach außen … *Die Beine zu den Seiten hin bewegen*
- Die Füße nach vorne … *Beide Füße vorwärts und rückwärts bewegen*
- Die Knie nach oben … *Beide Knie gleichzeitig anheben und senken*

Tipp:

Bei diesem Spiel können die Kinder auch auf rutschfesten Matten sitzen.

Geisternacht

Material:

eine Handtrommel

Und so wirds gespielt:

Alle Kinder liegen auf dem Bauch unter ihren Stühlen. Die Augen halten sie dabei geschlossen. Ein vor dem Spiel ausgewähltes Kind darf die anderen Kinder aufwecken.

Noch ist es still und leise, kein Geist geht auf die Reise.	*Sich schlafend stellen*
Sie schlafen bis um Mitternacht, doch dann hat einer Krach gemacht:	*Das zuvor ausgewählte Kind zählt bis zwölf*
„Alle Geister, Groß und Klein stellen sich zum Geistern ein!“	*und spricht dann laut den Vers in der linken Spalte*
Mit einem lauten Geisterschrei, kommen sie nun schnell herbei.	*Schreiend unter dem Stuhl hervorkrabbeln*
Sofort geht es zum Geistertanz, sie wackeln mit dem Geisterschwanz.	*Sich herumdrehen und mit dem Po wackeln*
Dann strecken sie sich weit nach oben, dort lassen sie die Arme toben.	*Auf Zehenspitzen stellen und die Arme über dem Kopf bewegen*
Und mit Krach und viel „Krawumm“, fliegen sie im Kreis herum.	*Sich stampfend im Kreis bewegen und dabei Flugbewegungen machen*
Rückwärts geht es danach weiter, sie werden dabei immer breiter.	*Rückwärtsgehen und die Arme ausbreiten*
Dann heulen sie: „Huhu, haha, wir Geister sind heut wieder da!“	*Laut den Vers der linken Spalte rufen (alle)*
Um eins, da fliegen sie zurück und im nächsten Augenblick	*Einmal auf die Handtrommel schlagen (Spielleitung)*
ist es still im Geisterhaus, und darum ist das Spiel jetzt aus.	*Sich wieder unter den Stuhl legen*

Wibbel, wabbel

Und so wirds gespielt:
Die Kinder sitzen im Kreis auf ihren Stühlen.

Wibbel, wabbel, rechte Hand,	*Die rechte Hand kreisen lassen*
wibbel, wabbel, linke Hand.	*Die linke Hand kreisen lassen*
Wibbel, wabbel, Wirbelsturm,	*Beide Hände kreisen lassen*
wibbel, wabbel, um den Turm.	*Einmal um den Stuhl herumlaufen*
Wibbel, wabbel, rechter Fuß,	*Den rechten Fuß kreisen lassen*
wibbel, wabbel, linker Fuß.	*Den linken Fuß kreisen lassen*
Wibbel, wabbel, Wirbelsturm,	*Beide Füße kreisen lassen*
wibbel, wabbel, um den Turm.	*Einmal um den Stuhl herumlaufen*

Varianten:
- rechtes und linkes Bein
- rechte und linke Schulter
- rechter und linker Arm

Tipp:
Bei diesem Spiel können die Kinder auch um eine rutschfeste Matte herumlaufen oder – bei wenig Platz – sich um sich selbst drehen.

Die Wippe, die geht auf und nieder

Und so wirds gespielt:
Die Kinder sitzen im Stuhlkreis, mit etwas Abstand zueinander.

Die Wippe, die geht auf und nieder, auf und nieder, auf und nieder. Die Wippe, die geht auf und nieder, immer auf und nieder.	*Aufstehen und sich wieder hinsetzen*
Die Schaukel, die geht vor und zurück, vor und zurück, vor und zurück. Die Schaukel, die geht vor und zurück, immer vor und zurück.	*Den Oberkörper vor- und zurückbewegen*
Das Karussell dreht sich herum, sich herum, sich herum. Das Karussell dreht sich herum, immer rundherum.	*Um den Stuhl herumlaufen*
Die Kinder hüpfen hin und her, hin und her, hin und her. Die Kinder hüpfen hin und her, immer hin und her.	*Mit kleinen Hopsern nach rechts und links hüpfen*

Volle Kraft voraus

Material:

eine Handtrommel

Und so wirds gespielt:

Die Kinder sitzen auf einem Stuhl und bewegen sich zum Takt der Verse wie in einem Ruderboot nach vorne und zurück.

Volle Kraft voraus,
wir rudern geradeaus.
Der Schweiß fängt an zu tropfen,
wenn die Trommeln klopfen.

Nach vorne geht es und zurück,
weiter, weiter, Stück für Stück.
Volle Kraft voraus,
wir rudern geradeaus.

Tipp:

Im Bewegungsraum können sich die Kinder für dieses Spiel auch hintereinander auf eine lange Bank oder auf den Boden setzen. Auf diese Weise können sie die Bewegungen gemeinsam ausführen. Die Spielleitung kann dazu einen langsamen oder einen schnellen Takt auf der Handtrommel vorgeben.

Der Krabbelschreck

Material:
eine Handtrommel

Und so wirds gespielt:
Die Kinder sitzen auf ihren Stühlen oder liegen auf dem Boden.

Ich liege noch in meinem Bett und träume süß und nett. Die Augen, die sind ganz fest zu und hier bei uns ist Ruh.	*Die Augen geschlossen halten*
Doch dann werd' ich zum Krabbelschreck und krabbel ganz schnell weg. Danach ist dann wieder Ruh und die Augen gehen zu.	*So lange herumkrabbeln, so lange die Handtrommel gespielt wird* *Sich hinsetzen oder hinlegen und die Augen wieder schließen*
Ich liege noch in meinem Bett und träume süß und nett. Die Augen, die sind ganz fest zu und hier bei uns ist Ruh.	*s. o.*
Doch dann werd' ich zum Zappelschreck und zappel ganz schnell weg. Danach ist dann wieder Ruh und die Augen gehen zu.	*So lange herumzappeln, so lange die Handtrommel gespielt wird* *Sich hinsetzen oder hinlegen und die Augen wieder schließen*

Varianten:
- Sauseschreck
- Trippelschreck
- Hoppelschreck
- Rumrollschreck

Tipp:
Bei wenig Platz können zwei oder drei Gruppen gebildet werden, die dann nacheinander spielen. Während die eine Gruppe an der Reihe ist, begleiten die Kinder der anderen Gruppe das Spiel als Publikum.

Wir sind keine Stubenhocker, wir sind fit und super locker!

Stuhl- und Bewegungsspiele für Geschicklichkeit und Ausdauer

Der Pimpampelmann

Und so wirds gespielt:

Eines oder mehrere Kinder stehen in der Kreismitte. Bei „holterdipolter“ wird laut gestampft und geklatscht. Danach werden die einzelnen Bewegungen, so wie sie im Text vorkommen, durchgeführt. Bei Wiederholungen wird das Tempo immer weiter gesteigert.

Hier kommt holterdipolter ein Pimpampelmann,
schau dir mal an, was er machen kann.
Er schüttelt die Arme, er rüttelt den Bauch,
die Schultern, die zucken, und drehn kann er auch.
Er hüpft hoch und runter, dann steht er ganz still,
weil er kein Pimpampelmann mehr sein will.

Hier kommt holterdipolter ein Knickknackselmann,
schau dir mal an, was er machen kann.
Er schüttelt ...

Hier kommt holterdipolter ein Brumbrimelmann ...
Hier kommt holterdipolter ein Wringwrangelmann ...
Hier kommt holterdipolter ein Flitzpiepenmann ...
Hier kommt holterdipolter ein Stringstrangelmann ...

Tipp:

Wandeln Sie das Spiel ab, indem die einzelnen Strophen abwechselnd von Mädchen und Jungen, von Vorschulkindern und den Jüngsten, von Kindern mit dunklen und Kindern mit hellen Haaren, von großen und kleinen usw. gespielt werden.

Heute kommen Leute

 **Und so wirds gespielt:**

Die Kinder stehen verteilt im Raum mit etwas Abstand zwischen sich.

Heute, heute, heute, kommen kleine Leute.	*Hinhocken und sich möglichst klein machen*
Und sie hüpfen immer wieder, auf und nieder, auf und nieder.	*Aufstehen und hüpfen*
Heute, heute, heute, kommen große Leute.	*Auf Zehenspitzen stellen und sich so möglichst groß machen*
Und sie hüpfen immer wieder, auf und nieder, auf und nieder.	*Die Arme nach oben strecken und hüpfen*

 **Varianten:**

- ... dicke Leute. *Die Arme weit ausbreiten*
- ... dünne Leute. *Die Arme eng an den Körper pressen*
- ... schnelle Leute. *Schnell sprechen und schnell hüpfen*
- ... Trödelleute. *Langsam sprechen und in Zeitlupe hüpfen*

Tipp:

Die Strophen können der Reihe nach, aber auch durcheinander gespielt werden.

Jo, jo, jo!

Und so wirds gespielt:

Die Kinder stehen im Kreis.

Seht mal, wie wir klatschen, kli-kla-klatschen.	*Gemeinsam im Rhythmus des Reims klatschen*
Klatschen, klatschen macht uns froh,	*Weiterklatschen*
jo, jo, jo!	*Im Takt der Silbe zuerst den rechten, dann den linken Daumen und zum Schluss beide Daumen nach vorne strecken*
Seht mal, wie wir stampfen, sti-, sta-, stampfen.	*Gemeinsam im Rhythmus des Reims stampfen*
Stampfen, stampfen macht uns froh,	*Weiterstampfen*
jo, jo, jo!	*s. o.*

Varianten:

- winken
- patschen
- schnipsen
- tanzen
- wackeln
- hinken
- trippeln

Ki, mo, no

 **Und so wirds gespielt:**

Die Kinder stehen im Kreis.

Ki, mo, ki, mo, no,	*Die Hände als Trichter vor den Mund halten und laut „Ki, mo, ki, mo, no" rufen*
alle Kinder klatschen so.	*Klatschen*
Klatschen, klatschen hält uns fit	
und der Popo wackelt mit.	*Mit dem Po wackeln*
Ki, mo, ki, mo, no,	s. o.
alle Kinder patschen so.	*Auf die Oberschenkel patschen*
Patschen, patschen hält uns fit	
und der Popo wackelt mit.	*Mit dem Po wackeln*

 **Varianten:**

- ... alle Kinder stampfen so.
- ... alle Kinder tanzen so.
- ... alle Kinder hüpfen so.
- ... alle Kinder schnipsen so.
- ... alle Kinder boxen so.
- ... alle Kinder reiben *(Hände)* so.

Das Tritrampeltier

Und so wirds gespielt:
Die Kinder stehen verteilt im Raum in genügendem Abstand voneinander.

Das Tri-, Tra-, Tri-, Tra-, Tritrampeltier,	*Mit den Füßen stampfen*
das trampelt und es zählt dabei bis vier.	*Dabei bis vier zählen*
Es trampelt nach vorne, es trampelt zurück,	*Vorwärts- und rückwärtsstampfen*
dort dreht es sich langsam ein ganz langes Stück.	*Sich um sich selbst drehen*
Nun trampelt es seitwärts noch schnell hin und her,	*Seitwärts nach links und rechts stampfen*
dann steht es ganz still und trampelt nicht mehr.	*Stillstehen*

Das Fli-, Flu-, Fli-, Flu-, Flugsausetier,	*Mit den Armen Flugbewegungen machen*
das fliegt und es zählt dabei bis vier.	*Dabei bis vier zählen*
Es fliegt nach vorne, es fliegt zurück,	*„Vorwärts- und rückwärtsfliegen“*
dort dreht es sich langsam ein ganz langes Stück.	*Sich um sich selbst drehen*
Nun fliegt es seitwärts noch schnell hin und her,	*Seitwärts „fliegen“*
dann steht es ganz still und fliegt nicht mehr.	*Stillstehen*
Das Hipp-, Hopp-, Hipp-, Hopp-, Hipphoppeltier, das hoppelt ...	*Hüpfen oder hoppeln* *usw.*
Das Flitz-, Flatz-, Flitz-, Flatz-, Flitzflatzeltier, das flitzt ...	*Schnell auf der Stelle laufen* *usw.*

Wir sind keine Stubenhocker!

Und so wirds gespielt:
Die Kinder stehen im Kreis oder verteilt im Raum mit genügend Abstand voneinander.

Wir sind keine Stubenhocker,	*Den Kopf schütteln und dabei die Hände mehrfach überkreuzen*
wir sind fit und super locker,	*Daumen-hoch-Geste machen und dabei locker zappeln*
denn wir machen immerfort	
Sport, Sport, Sport.	*Mehrfach hinhocken und wieder aufstehen*
Wir sind keine Sesselpupser,	*s. o.*
wir sind fit und das ist super,	*Daumen-hoch-Geste machen und dabei die Faust anheben*
denn wir machen immerfort	
Sport, Sport, Sport.	*s. o.*
Wir sind keine Bettvorleger,	*s. o.*
wir sind fit, so wie ein Feger,	*Daumen-hoch-Geste machen und dann pantomimisch fegen*
denn wir machen immerfort	
Sport, Sport, Sport.	*s. o.*
Wir sind keine Dauersitzer,	*s. o.*
wir sind supertolle Flitzer,	*Daumen-hoch-Geste machen und dabei schnell auf der Stelle laufen*
denn wir machen immerfort	
Sport, Sport, Sport.	*s. o.*

Dideldumdadei

Und so wirds gespielt:

Die Kinder stehen im Kreis oder verteilt im Raum mit genügend Abstand voneinander.

Dideldumdadei, dideldumdadei, komm, wir tanzen, tanzen uns jetzt frei, frei, frei. Dideldumdadei, dideldumdadei, und nun stampfen, stampfen wir auch noch dabei.	*Im Rhythmus des Verses klatschen* *Sich um sich selbst drehen* *Im Rhythmus des Verses klatschen* *Sich um sich selbst drehen und dabei stampfen*
Dideldumdadei, dideldumdadei, komm, wir hüpfen, hüpfen uns jetzt frei, frei, frei. Dideldumdadei, dideldumdadei, und nun winken, winken wir auch noch dabei.	*s. o.* *Auf und ab hüpfen* *s. o.* *Auf und ab hüpfen und dabei winken*

Varianten:

- trippeln und zittern
- schwimmen und wackeln
- hinken und streicheln

Im Kindergarten ist was los

Und so wirds gespielt:
Die Kinder stehen im Kreis oder verteilt im Raum mit genügend Abstand voneinander.

Im Kindergarten ist was los,	
da bewegt sich Klein und Groß.	*In die Hocke gehen und sich klein machen, dann wieder nach oben strecken*
Da hüpfen wir mal rechtsherum,	*Rechtsherum hüpfen*
da hüpfen wir mal linksherum	*Linksherum hüpfen*
und stampfen auch noch bum, bum, bum.	*Aufstampfen*
Im Kindergarten ist was los,	
da bewegt sich Klein und Groß.	*s. o.*
Da zappeln wir mal rechtsherum,	*Rechtsherum zappeln*
da zappeln wir mal linksherum	*Linksherum zappeln*
und stampfen auch noch bum, bum, bum.	*s. o.*

Bewegungsvarianten:

- flitzen
- schleichen
- krabbeln
- hinken
- wackeln
- trippeln

Die Stampfmaschine

Und so wirds gespielt:
Die Stühle stehen im Raum verteilt, mit etwas Abstand zueinander.

Ich bin die Stampfmaschine und stampfe laut herum. Ich bin die Stampfmaschine und stampfe alles um.	*Laut um den Stuhl herumstampfen*
Ich stampfe laut, ich stampfe leis und manchmal stampfe ich im Kreis. Doch ist mein Tank ganz leer, dann stampfe ich nicht mehr.	*Zuerst laut und dann leise stampfen* *Beim Stampfen einmal um sich selbst drehen* *Mit dem Stampfen aufhören und schnell auf den Stuhl setzen*
Ich bin die Hüpfmaschine und hüpfe laut herum. Ich bin die Hüpfmaschine und hüpfe alles um.	*Laut um den Stuhl herumhüpfen*
Ich hüpfe laut, ich hüpfe leis und manchmal hüpfe ich im Kreis. Doch ist mein Tank ganz leer, dann hüpfe ich nicht mehr.	*Zuerst laut und dann leise hüpfen* *Beim Stampfen einmal um sich selbst drehen* *Mit dem Hüpfen aufhören und schnell auf den Stuhl setzen*

Varianten:

- die Laufmaschine
- die Klatschmaschine
- die Hinkmaschine
- die Patschmaschine

Alles in Bewegung

Und so wirds gespielt:
Die Kinder stehen im Kreis oder verteilt im Raum mit genügend Abstand voneinander.

Alles in Bewegung, komm, mach mit, alles in Bewegung, das hält fit.	*Heftig mit dem ganzen Körper zappeln*
Springen, hüpfen, hinken, nach vorn und hinten winken. Schwimmen, fliegen, stehen, nach vorn und rückwärts gehen. Schreiten, humpeln, patschen und dann auch noch klatschen.	*Die genannten Bewegungen ausführen*
Danach dann kurz stillesteh'n und schon kann es weitergehn.	*Kurz stillstehen und dann neu beginnen*
Alles in Bewegung, komm, mach mit, alles in Bewegung, das hält fit.	*s. o.*
Springen, hüpfen, hinken ...	*s. o.*

Schluss:

Alles in Bewegung, komm, mach mit, alles in Bewegung, das hält fit.	*Heftig mit dem ganzen Körper zappeln* *Zum Schluss mit ausgestreckten Armen hochspringen*

Tipp:
Bei Wiederholungen wird das Tempo immer weiter gesteigert.

Die kleine Tanzmaus

Und so wirds gespielt:
Die Kinder stehen im Kreis oder verteilt im Raum mit genügend Abstand voneinander.

Ich bin die kleine Tanzmaus und tanze gern im Kreis.	*Sich auf der Stelle sich um selbst drehen*
Ich bin die kleine Tanzmaus und tanze laut und leis.	*Sich auf der Stelle sich um selbst drehen und dabei abwechselnd laut und leise klatschen*
Ich dreh mich immer rundherum	*Sich weiter drehen*
und manchmal fall' ich dabei um.	*Sich auf den Boden legen*

Ich bin die kleine Hüpfmaus und hüpfe gern im Kreis.	*Im Kreis hüpfen*
Ich bin die kleine Hüpfmaus und hüpfe laut und leis.	*Hüpfen und dabei abwechselnd laut und leise klatschen*
Ich hüpfe immer rundherum	*Weiterhüpfen*
und manchmal fall' ich dabei um.	*Sich auf den Boden legen*

Varianten:

- Ich bin die kleine Stampfmaus ...
- Ich bin die kleine Trippelmaus ...
- Ich bin die kleine Flitzmaus ...

Das Ruckelspiel

Und so wirds gespielt:
Die Kinder sitzen auf dem Boden mit etwas Abstand voneinander.

Wir ruckeln und ruckeln ein Stückchen nach rechts.	*Auf dem Po nach rechts rutschen*
Wir ruckeln und ruckeln ein Stückchen nach links.	*Auf dem Po nach links rutschen*
Nun dreht sich unser Po herum, die Füße stampfen, bum, bum, bum. Die Zehen tippen, tipp, tipp, tapp, die Beine gehen auf und ab.	*Auf dem Po herumdrehen* *Mit den Füßen aufstampfen* *Mit den Zehen auftippen* *Die Beine anheben und wieder senken*
Die Arme winken hin und her und danach, da geht gar nichts mehr.	*Nach rechts und links winken* *Still sitzenbleiben*

Bauchtanz

 **Und so wirds gespielt:**

Die Kinder stehen im Kreis oder verteilt im Raum mit genügend Abstand voneinander.

Bauchtanz, Bauchtanz ist heute angesagt, Bauchtanz, Bauchtanz ist heute sehr gefragt.	*Den Bauch kreisen und zappeln lassen*
Die Hüfte dreht sich rundherum, der Bauch, der zappelt wild herum.	*Den Bauch weiter kreisen und zappeln lassen*
Nun geht die Hüfte hin und her und dreht sich danach noch viel mehr.	*Die Hüfte abwechselnd zu den Seiten hin bewegen*
Die Arme sollen auch noch schwingen	*Die Arme anheben und kreisend bewegen*
und die Füße sollen klingen.	*Dazu mit den Füßen stampfen*
Bauchtanz, Bauchtanz ist heute angesagt, Bauchtanz, Bauchtanz ist heute sehr gefragt.	*s. o.*
Nun sollen sich die Knie drehen,	*Die Knie kreisen lassen*
und die Arme sollen wehen.	*Dabei mit den Armen Flugbewegungen machen*
Der Popo wackelt superschnell,	*Mit dem Po wackeln*
wir drehn uns dabei auf der Stell'.	*Sich dabei um sich selbst drehen*
Der Körper schlängelt rauf und runter,	*Den Körper rauf- und runterbewegen*
unten dreht er sich dann munter.	*Sich mit kreisendem Bauch um sich selbst drehen*

Der Popowackeltanz

Und so wirds gespielt:
Die Kinder stehen im Kreis oder verteilt im Raum mit genügend Abstand voneinander.

Jetzt kommt der Popowackeltanz, der Popowackeltanz, der Popowackeltanz. Jetzt kommt der Popowackeltanz und der Popo wackelt ganz.	*Bei „Popowackeltanz" kräftig mit dem Po wackeln*
Nun geht der Popo hin und her, hin und her, hin und her. Nun geht der Popo hin und her, das ist gar nicht schwer.	*Den Po zur rechten und linken Seite hin- und herbewegen*
Nun dreht der Popo sich herum, sich herum, sich herum. Nun dreht der Popo sich herum, fidi, fidi, bum, bum, bum.	*Den Po drehen bzw. kreisen lassen wie beim Bauchtanz*
Der Popo, der geht vor, zurück, vor, zurück, vor, zurück. Der Popo, der geht vor, zurück und hüpft sogar ein kleines Stück.	*Den Po vor- und zurückbewegen*

Schluss:

Nun ist der Popowackeltanz, der Popowackeltanz, der Popowackeltanz. Nun ist der Popowackeltanz – vorbei.	*Bei „Popowackeltanz" kräftig mit dem Po wackeln*

Wir sind keine Popositzer

Und so wirds gespielt:

Die Kinder sitzen im Raum verteilt auf ihren Stühlen.

Wir sind keine Popositzer,	*Den Kopf schütteln und die Hände dabei mehrfach überkreuzen*
sondern flotte Hoppelflitzer.	*Aufstehen und um den Stuhl herumhüpfen*
Hoppelflitzer haben Spaß und sie geben nochmal Gas.	*Dabei immer schneller werden*
Wir sind keine Popositzer,	*s. o.*
sondern flotte Klapperflitzer.	*Aufstehen, um den Stuhl herumstampfen und klatschen*
Klapperflitzer haben Spaß und sie geben nochmal Gas.	*Dabei immer schneller werden*

Varianten:

- ... Rückwärtsflitzer
- ... Seitwärtsflitzer
- ... Krabbelflitzer
- ... Trippelflitzer
- ... Wackelflitzer
- ... Leiseflitzer

Die Riesen kommen an

Und so wirds gespielt:

Die Kinder stehen im Kreis oder verteilt im Raum, jeweils mit genügend Abstand voneinander.

Die Riesen, die Riesen, die kommen jetzt an, die Riesen, die Riesen, die schreiten schnell voran.	*Auf Zehenspitzen große Schritte machen*
Die Zwerge, die Zwerge, die kommen jetzt an, die Zwerge, die Zwerge, die trippeln schnell voran.	*Sich hinhocken und dann kleine Schritte machen*
Die Pferde, die Pferde, die kommen jetzt an, die Pferde, die Pferde, die springen schnell voran.	*Wie Pferde springen*
Die Frösche, die Frösche, die kommen jetzt an, die Frösche, die Frösche, die hüpfen schnell voran.	*Sich hinhocken und wie Frösche aus der Hocke heraus hüpfen*
Die Katzen, die Katzen, die kommen jetzt an, die Katzen, die Katzen, die schleichen schnell voran.	*Im Vierfüßlergang wie Katzen schleichen*
Die Käfer, die Käfer, die kommen jetzt an, die Käfer, die Käfer, die krabbeln schnell voran.	*Im Vierfüßlergang wie Käfer krabbeln*
Die Schlangen, die Schlangen, die kommen jetzt an, die Schlangen, die Schlangen, die gleiten schnell voran.	*Sich im Liegen wie Schlangen über den Boden bewegen*

Mach doch mal ...

Und so wirds gespielt:

Bei diesem pantomimischen Bewegungsspiel stehen die Kinder verteilt im Raum, jeweils mit genügend Abstand voneinander. Die Spielleitung gibt ihnen unterschiedliche Bewegungen vor.

- „Geht wie in Zeitlupe."
- „Hebt einen schweren Stein an."
- „Spielt Tennis"
- „Spielt Fußball."
- „Werft einen Ball hoch und fangt ihn wieder auf."
- „Werft einen Ball weit weg."
- „Schleicht euch langsam an etwas heran."
- „Schiebt etwas ganz Schweres von euch weg."
- „Bewegt euch wie ein Hampelmann."
- „Spielt mit einem Luftballon."
- „Bewegt euch wie beim Tanzen."
- „Fahrt mit einem sehr alten Trecker."
- „Bewegt euch wie ein Seiltänzer."
- „Bewegt euch wie beim Seilspringen."
- „Bewegt euch wie ein fliegender Vogel."
- „Bewegt euch wie ein Dirigent."
- „Schlängelt euch auf dem Boden wie ein Regenwurm."
- „Schlittert über eine Eisfläche."

Mal leise und mal laut, mal eingefror'n, mal aufgetaut

Gute-Laune-Spiele mit und ohne Stuhl für die Körperwahrnehmung

Eingefroren und aufgetaut

Material:

gelbes Tuch, Wattebausch oder Feder

Und so wirds gespielt:

Die Kinder sitzen auf ihren Stühlen, das Spiel kann aber auch in unterschiedlichen Positionen gespielt werden, so z. B. im Stehen, im Knien, auf dem Boden sitzend oder auf dem Rücken liegend. Die Spielleitung erzählt folgende Geschichte:

„Stellt euch einmal vor, es ist Winter und es ist Nacht. Der Frost hat alles zugefroren. Nichts bewegt sich mehr *(Die Kinder sitzen bewegungslos, wie „eingefroren“ da.)*. Doch dann geht die Sonne auf und schickt erste warme Strahlen auf euch herunter *(Die Spielleitung geht herum und berührt die Kinder mit einem gelben Tuch, einem Wattebausch oder einer gelben Feder.)*. Ihr spürt die Wärme ganz deutlich in eurem Körper hochsteigen und ihr beginnt aufzutauen:

(Folgendes langsam und mit Pausen aufzählen) Bewegt ganz langsam die Finger, die Zehen, die Hände, die Füße, die Arme, die Beine, den Kopf, die Stirn, die Augen, die Nase, die Ohren, die Schultern, den Bauch, den Po, den ganzen Körper. Ihr könnt sogar ein wenig herumgehen.

Doch als die Sonne am Abend wieder untergeht, kommt der Frost zurück. Ihr bewegt euch nur noch ganz langsam vorwärts *(Die Kinder bewegen sich wie in Zeitlupe)*. Dann bleibt ihr stehen und euer Körper wird wieder ganz steif. Nichts bewegt sich mehr.“

Wir sitzen ganz still

Und so wirds gespielt:
Die Kinder sitzen im Kreis auf dem Boden oder auf ihren Stühlen.

Wir sitzen ganz still und rühren uns nicht, die Hände, die halten wir vor das Gesicht.	*Stillsitzen und das Gesicht mit den Händen bedecken*
Nun legen wir sie aneinander und lassen sie nach oben wandern.	*Die Hände zusammenlegen und anheben*
Dort bleiben dann die Fingerspitzen ganz kurz aneinander sitzen.	*Die Fingerspitzen aneinanderlegen*
So gehen die Arme hin und her, auch rauf und runter ist nicht schwer.	*Die Arme entsprechend bewegen*
Jetzt sollen sie auseinandergehen	*Die Arme ausbreiten*
und sich wie beim Tanzen drehen.	*Die Arme seitwärts drehen*
Die Hände werden weit gestreckt,	*Die Hände öffnen und flach halten*
die Finger in der Hand versteckt.	*Die Hände schließen*
Dort gehen sie nun raus und rein	*Die Hände öffnen und schließen*
und lassen dann das Spielen sein.	*Die Hände vor die Brust halten*

 **Tipp:**
Das Spiel kann in unterschiedlichen Positionen gespielt werden, so z. B. auch im Stehen, im Knien oder auf dem Rücken liegend. Während dann der Text der ersten Zeile entsprechend geändert wird, werden die Bewegungen in jeder Position langsam und gleichmäßig ausgeführt.

Groß, größer, am größten

Ich bin groß, nun werde ich größer, jetzt bin ich am größten.	*Sich locker hinstellen* *Auf den Zehenspitzen stehen* *Die Arme anheben*
Ich bin klein, nun werde ich kleiner, jetzt bin ich am kleinsten.	*Sich hinhocken* *In sich zusammensacken* *Sich hinlegen und sich einrollen*
Ich bin schief, nun werde ich schiefer, jetzt bin ich am schiefsten.	*Den Oberkörper zur Seite neigen* *Den Oberkörper noch mehr zur Seite neigen* *Den Oberkörper seitlich bis zum Boden hinunterneigen*
Ich bin laut, nun werde ich lauter, jetzt bin ich am lautesten.	Den Text in linker Spalte laut sprechen *Noch lauter sprechen* *Schreien*
Ich bin wild, nun werde ich wilder, jetzt bin ich am wildesten.	*Etwas zappeln* *Noch mehr zappeln* *Mit dem ganzen Körper heftig zappeln*
Ich bin schnell, nun werde ich schneller, jetzt bin ich am schnellsten.	*Auf der Stelle laufen* *Schneller auf der Stelle laufen* *So schnell auf der Stelle laufen, wie es geht*
Ich bin stark, nun werde ich stärker, jetzt bin ich am stärksten.	*Die Muskeln des rechten Arms zeigen* *Die Muskeln des linken Arms zeigen* *Beide Arme anheben*
Ich bin leis, nun werde ich leiser, jetzt bin ich am leisesten.	*Den Text in der linken Spalte leise sprechen* *Den Text noch leiser sprechen* *Den Text flüstern*

Das Krokodil im tiefen Nil, das frisst ganz viel

Und so wirds gespielt:

Das Spiel kann in unterschiedlichen Positionen (z. B. auf dem Stuhl oder Boden sitzend, im Stehen, auf dem Rücken liegend) und langsam oder schnell gespielt werden. Die Kinder berühren dabei ein Körperteil nach dem anderen.

Das	*Die Schultern überkreuz berühren*	fen	*Die Oberschenkel berühren*
Kro-	*Den Bauch berühren*	Nil,	*Die Unterschenkel berühren*
ko-	*Die Oberschenkel berühren*	das	*Die Schultern überkreuz berühren*
dil	*Die Unterschenkel berühren*	frisst	*Den Bauch berühren*
im	*Die Schultern überkreuz berühren*	ganz	*Die Oberschenkel berühren*
tie-	*Den Bauch berühren*	viel.	*Die Unterschenkel berühren*

Die Springtiergeschichte

Material:

CD mit meditativer Musik

Und so wirds gespielt:

Jeweils zwei Kinder sitzen mit ihren Stühlen nebeneinander. Wenn viel Platz vorhanden ist, können sie sich paarweise auch nebeneinander auf den Boden legen. Beim Vorlesen der Geschichte werden zuerst die eigenen Körperteile berührt. Danach berühren sich die Kinder gegenseitig. Dazu ist es notwendig, dass sie im Vorfeld überlegen, wer damit beginnen soll. Die Spielleitung erzählt nun folgende Geschichte:

„Stellt euch einmal vor, ihr habt es euch gerade draußen im Garten auf einem Liegestuhl gemütlich gemacht. Die Sonne scheint warm auf euch herunter und es geht euch richtig gut. Ihr schließt die Augen und atmet tief ein und aus. Doch wie ihr so ein wenig vor euch hinträumt, merkt ihr plötzlich, dass etwas über euren Fuß krabbelt. Schnell setzt ihr euch auf und schaut nach, was das sein kann. Da seht ihr einen kleinen Springkäfer. Er kriecht gerade an eurem Fuß hoch. Ihr versucht, ihn mit der Hand zu fangen. Doch der Springkäfer ist schnell, er kabbelt bereits an eurem Bein empor. Jetzt versucht ihr, ihn dort zu schnappen. Leider sind Springtiere sehr schwer zu fangen und so krabbelt er bereits auf eurem Bauch herum. Dann sitzt er auf der Schulter. Doch auch dort könnt ihr ihn nicht fassen, denn schon läuft er über den Hals zum Kopf. Dort wuselt er in den Haaren herum. Danach rennt er zur Nase, zu einem Ohr, über die Augen zum anderen Ohr. Er lässt sich einfach nicht einfangen. Nun fängt er sogar an zu springen. Und plötzlich sitzt er wieder auf dem Kopf, dann auf dem Knie, auf dem Rücken, auf dem Po, auf der Hand, dem kleinen Finger, dem Ellbogen, unter der Achsel und immer weiter.

Fast hättet ihr ihn dort gehabt. Doch im letzten Moment springt er zu eurem Freund oder zu eurer Freundin hinüber. Nun sitzt er dort auf dem Kopf, dem Rücken, dem Bein usw. *(Eines der beiden Kinder berührt die einzelnen Körperteile des/der Spielpartners/Spielpartnerin.* Gerade als ihr zuschnappen wollt, verlässt der Springkäfer euren Freund bzw. eure Freundin und sitzt nun wieder bei euch auf dem Kopf. Als euer Freund bzw. eure Freundin ihn dort schnappen will, springt er auf den Rücken, auf das Bein usw. *(Nun werden die einzelnen Körperteile des anderen Kindes berührt.).*

Ganz zum Schluss macht das Springtier einen Riesensatz und ist zwischen den vielen Gashalmen verschwunden. Nun habt ihr endlich Ruhe vor dem Plagegeist. Ganz gemütlich legt ihr euch wieder auf den Liegestuhl und schließt die Augen. Dabei träumt ihr davon, wo der Springkäfer euch überall berührt hat."

 **Tipp:**

Zum Ausklingenlassen der Geschichte kann für kurze Zeit meditative Musik aufgelegt werden, damit die Kinder das Gehörte für sich noch nachwirken lassen können.

Fliegende Ufos

Material:

Papiertaschentücher

Und so wirds gespielt:

Bei diesem Spiel werden Papiertaschentücher hochgeworfen und mit verschiedenen Körperteilen aufgefangen. Die Spielleitung erzählt folgende Geschichte dazu:

„Stellt euch einmal vor, das Papiertaschentuch ist ein fliegendes Ufo. Und genau wie ein Ufo, kann auch das Papiertaschentuch durch die Luft fliegen und irgendwo landen. Damit es aber losfliegen kann, müssen wir zuerst immer bis drei zählen. Danach sage ich euch, wo das Ufo landen soll, z. B.: Lasst das Ufo bei drei fliegen und auf dem Kopf landen."

 **Unterschiedliche Landevarianten:**

- ... auf dem Fuß
- ... auf einem Finger
- ... auf dem Daumen
- ... auf der rechten/linken Hand
- ... auf dem Rücken
- ... auf dem rechten/linken Knie
- ... auf der Nase
- ... auf dem rechten/linken Ohr
- ... im Gesicht

Wie ein Blatt im Wind

Material:
Decken, meditative Musik

Und so wirds gespielt:
Die Kinder stellen sich auf ihre Stühle und die Spielleitung beginnt mit der Geschichte:

„Stellt euch einmal vor, euer Stuhl ist ein großer und starker Baum. An seinen Ästen hängen unendlich viele bunte Herbstblätter und ihr seid eines davon. Der Wind bewegt euch ganz leicht hin und her und ihr grüßt die Blätter neben euch *(Sich gegenseitig zuwinken)*.
Manchmal lässt euch der Wind sogar am Baum tanzen. Dann dreht ihr euch ein wenig nach links und ein wenig nach rechts *(Den Körper hin- und herdrehen)*.
Doch manchmal weht der Wind heftig durch die Äste und er schüttelt euch kräftig durch *(Sich schütteln)*.

Und wenn aus dem Wind ein Sturm wird, dann kann es passieren, dass er euch vom Baum abreißt und durch die Luft wirbelt *(Vom Stuhl heruntersteigen und kreisend durch den Raum laufen)*.
Doch irgendwann lässt er euch fallen und ihr landet auf dem Boden. Dort müsst ihr dann eine ganze Weile still liegen bleiben *(Sich auf den Boden legen)*.
Und wenn der Wind euch dort wieder findet, kann es passieren, dass er euch durch den ganzen Garten rollt *(Durch den Raum rollen)*.
Dabei kann er euch auch zu einem großen Blätterhaufen übereinander wehen *(Eng an- und übereinander liegen bleiben)*. So dicht aneinandergedrängt, könnt ihr euch nun überhaupt nicht mehr bewegen. Ihr liegt ganz still und hört dem Wind zu.
Manchmal passiert es aber, dass der Wind mitten in den großen Blätterhaufen hineinpustet. Dann treibt er euch so lange vor sich her, bis ihr irgendwo hinter den Hecken und Büschen liegen bleibt *(Zu den Stühlen zurückrollen sich dahinter legen)*.
Dort liegt ihr dann so lange, bis der Winter in den Garten einzieht und euch mit einer weißen Schneedecke zudeckt. Und so warm eingekuschelt, träumt ihr vielleicht davon, wie schön es war, als ihr mit dem Wind durch den Garten getanzt seid."

 **Tipps:**

Bei den tanzenden oder schüttelnden Bewegungen darauf achten, dass die Kinder auf den Stühlen nicht das Gleichgewicht verlieren. Am Schluss der Geschichte können sich die Kinder in eine Decke einkuscheln, während für kurze Zeit meditative Musik aufgelegt wird.

Körperspiele

Und so wirds gespielt:

Die Kinder stehen verteilt im Raum, jeweils mit genügend Abstand voneinander. Die Spielleitung gibt ihnen unterschiedliche Bewegungen vor.

- „Setzt euch auf den Boden und versucht, mit der Zehe die Nase zu berühren."
- „Stellt euch auf das rechte/linke Bein und bewegt das andere hin und her."
- „Faltet die Hände und steigt mit einem oder beiden Beinen nacheinander vorwärts und rückwärts hindurch."
- „Setzt euch auf den Boden und steht – ohne die Hände zu Hilfe zu nehmen – auf."
- „Macht eine Brücke und hebt dabei überkreuz einen Arm und ein Bein an."
- „Krabbelt im Vierfüßlerstand vorwärts, rückwärts und seitwärts."
- „Malt mit dem Po ein Bild auf den Boden" *(Po anheben und bewegen)*
- „Legt euch auf den Bauch, fasst die Füße an und schaukelt wie ein Schaukelpferd."
- „Setzt euch auf den Po, hebt die Beine an und dreht euch wie ein Karussell."
- „Legt euch auf den Rücken und macht eine Brücke."
- „Fahrt wie ein Fahrstuhl hoch und runter. Hockt euch dazu hin und bewegt euch ganz langsam/schnell von unten nach oben und wieder zurück."
- „Setzt euch im Schneidersitz auf den Boden und legt den Kopf auf den Boden."
- „Faltet die Hände hinter dem Rücken und hebt sie an. Bleibt dabei gerade stehen."
- „Rollt durch den Raum."
- „Lauft vorwärts/rückwärts/seitwärts auf Zehenspitzen/Fersen/Fußinnenseiten, Fußaußenseiten."
- „Drückt die Knie durch und berührt mit den Händen den Boden."

Komm, wir spielen Eisenbahn, häng' dich einfach hinten dran

Teamspiele für Gemeinschaftsgefühl, Resilienz und Selbstvertrauen

Das Eisenbahnspiel

Und so wirds gespielt:

Die Kinder sitzen im Stuhlkreis. Ein Kind spielt die Lokomotive und bewegt die Arme beim Weitergehen wie die Räder einer Eisenbahn. Alle anderen Kinder spielen jeweils einen Eisenbahnwagen, der angehängt wird.

Die Eisenbahn, die Eisenbahn, die kann schnell und langsam fahrn.	*Als „Lokomotive" durch den Kreis gehen*
Im Bahnhof hält sie immer an und tutet dort, so laut sie kann.	*Stehenbleiben und laut „tuten"*
Ein großer Wagen rollt heran, er hängt sich einfach hinten dran.	*Auf die Zehenspitzen stellen und gemeinsam weiterfahren (jeweils eines der Kinder, vor dem die „Lokomotive" stehenbleibt)*
Die Eisenbahn, die Eisenbahn, die kann ...	*s. o.*

Schluss:

Weiter, weiter geht die Reise, bis zum nächsten Abstellgleise.	*Im Raum herumfahren (komplette Eisenbahn)*
Dort bleibt der lange Zug dann stehen	*Stehen bleiben*
und alle können wieder gehen.	*Sich voneinander lösen*

Varianten:

- Ein kleiner Wagen ... *In die Hocke gehen*
- Ein süßer Wagen ... *Sich über den Bauch streichen*
- Ein langer Wagen ... *Die Arme weit nach vorne strecken*
- Ein breiter Wagen ... *Die Arme zu den Seiten hin ausbreiten*
- Ein schmaler Wagen ... *Die Arme eng an den Körper anlegen*

Das fremde Land

Und so wirds gespielt:
Die Kinder bilden zwei Reihen und knien sich einander gegenüber auf den Boden. Eines der Kinder, das am Anfang der Reihe kniet, krabbelt durch die Mitte.

Wir gehen in ein fremdes Land, es wird das Rubbelland genannt. Das Rubbelland, das ist doch klar, das ist nur zum Rubbeln da.	*Den Text gemeinsam sprechen*
Rubbeln, rubbeln, rubbeln, rubbeln, das ist fein. rubbeln, rubbeln, rubbeln, es rubbelt Groß und Klein.	*Sanft über den Rücken des durchkrabbelnden Kindes rubbeln, sobald es an einem vorbeikrabbelt*
Wir gehen in ein fremdes Land, es wird das Kitzelland genannt. Das Kitzelland ...	*Den Text gemeinsam sprechen*
Kitzeln, kitzeln, kitzeln ...	*Das durchkrabbelnde Kind leicht kitzeln, sobald es an einem vorbeikrabbelt*

Varianten:

- Streichelland
- Pusteland
- Rüttelland
- Klopferland
- Antippland

Aufeinander zugehen

Und so wirds gespielt:

Die Kinder stehen im Kreis und gehen an den entsprechenden Stellen einen Schritt nach vorne oder zurück. Bei „Zippel, zippel" wird viermal geklatscht, bei „zapp, zapp" sind die Bewegungsabläufe unterschiedlich.

Zippel, zippel, zapp, zapp,	*Klatschen und mit den Daumen über die Schultern zeigen*
komm, mach mit!	*Sich heranwinken*
Zippel, zippel, zapp, zapp,	*s. o.*
wir gehen einen Schritt.	*Einen Schritt nach vorne oder zurückgehen*
Zippel, zippel, zapp, zapp,	*Klatschen und sich überkreuz auf die Schultern klopfen*
komm, mach mit!	*Sich heranwinken*
Zippel, zippel, zapp, zapp,	*s. o.*
wir hüpfen einen Schritt.	*Einen Schritt nach vorne oder zurückhüpfen*
Zippel, zippel, zapp, zapp,	*Klatschen, und sich überkreuz auf die Beine klopfen*
komm, mach mit!	*Sich heranwinken*
Zippel, zippel, zapp, zapp,	*s. o.*
wir hinken einen Schritt.	*Einen Schritt nach vorne oder zurückhinken*
Zippel, zippel, zapp, zapp,	*Klatschen und sich auf den Po klopfen*
komm, mach mit!	*Sich heranwinken*
Zippel, zippel, zapp, zapp,	*s. o.*
wir stampfen einen Schritt.	*Einen Schritt nach vorne oder zurückstampfen*

Eins, zwei, drei

Und so wirds gespielt:

Die Kinder verteilen sich im Raum und führen die Bewegungen gemeinsam durch.

Eins, zwei, drei, wir gehen vorwärts los,	*Dreimal klatschen und nach vorne gehen*
alle machen mit, egal, ob Klein, ob Groß.	*Sich bücken und dann wieder strecken*
Eins, zwei, drei, wir gehen Schritt für Schritt,	*Dreimal klatschen und weiter nach vorne gehen*
alle machen mit, denn Gehen ist der Hit.	*Bei „Hit“ hochspringen*
Eins, zwei, drei, wir stampfen vorwärts los,	*Dreimal klatschen und stampfend nach vorne gehen*
alle machen mit, egal, ob Klein, ob Groß.	*Sich bücken und dann wieder strecken*
Eins, zwei, drei, wir stampfen Schritt für Schritt,	*Dreimal klatschen und weiter stampfend nach vorne gehen*
alle machen mit, denn Stampfen ist der Hit.	*Bei „Hit“ hochspringen*

Varianten:

- ... wir trippeln ...
- ... wir wackeln ...
- ... wir sausen ...
- ... wir hinken ...
- ... wir hüpfen ...

Tipp:

Bei Wiederholungen gehen die Kinder rückwärts.

Dingel, dingel, dong, dong

Und so wirds gespielt:

Die Kinder stehen im Kreis. Der Spielleitung gibt vor, wie der Text gesprochen werden soll. Die Aufforderung an die Kinder lautet dabei: „Könnt ihr das Dingel-dong-Spiel auch laut (leise, schnell, langsam, abgehackt, summen, stumm *(nur die Bewegungen)* spielen?“

Dingel, dingel, dong, dong, rattata, uuiii! Dingel, dingel, dong, dong, rattata, uuiii!	*Klatschen und mit beiden Füßen aufstampfen* *Sich die Hände reiben und dann die Arme nach oben heben* *s. o.* *s. o.*
Alle Kinder machen mit, denn „Dingel dong“ macht super fit!	*Den Kreis schließen* *Bei „super fit!“ gemeinsam hochspringen*
Dingel, dingel, dong, dong ...	*s.o., aber hier Text laut sprechen*

Habenunu ist ein Clown

Und so wirds gespielt:
Die Kinder stehen oder sitzen im Kreis. Ein oder mehrere Kinder stehen in der Kreismitte und machen die Bewegungen zum Text.

Habenunu, das ist ein Clown und sehr lustig anzuschaun.	*Sich verbeugen*
Er hüpft oft auf einem Bein und grunzt dann wie ein dickes Schwein.	*Auf einem Bein hüpfen* *Grunzen*
Mit der Hand an einem Ohr tanzt er uns den Cha-Cha vor.	*Das eigene Ohr berühren* *Po bewegen, sich um sich selbst drehen*
Sein Popo geht dann hin und her und manchmal schwimmt er wie im Meer.	*Mit dem Popo wackeln* *Schwimmbewegungen machen*
Auch stampft er ganz laut: bum, bum, bum, und danach fällt er immer um.	*Dreimal aufstampfen* *Sich auf den Boden fallen lassen*

Das Schmetterlingsspiel

Und so wirds gespielt:

Die Kinder sitzen im Stuhlkreis oder auf Matten. Mit einem kleinen Abzählreim wird das Kind ausgesucht, das als erstes als Schmetterling durch den Kreis flattert. Es setzt sich kurz auf die Beine eines anderen Kindes. Gemeinsam flattern sie jeweils zu neuen Partnern weiter. Sind dann alle Kinder in Aktion, flattern sie zurück zu ihrem Stuhl oder ihren Matten.

Ich bin ein kleiner Schmetterling und flatter durch die Welt.
Ich suche eine Blume, die mir ganz gut gefällt.
Ich flatter und flatter und flatter immerzu
und seh ich diese Blume, dann komme ich zur Ruh.

Wir sind zwei Schmetterlinge und flattern durch die Welt.
Wir suchen eine Blume, die uns ganz gut gefällt.
Wir flattern und flattern und flattern immerzu
und sehn wir diese Blume, dann kommen wir zur Ruh.

Schluss:
Nun flattern alle Schmetterlinge
schnell zu ihrem Haus,
denn das Spiel der Schmetterlinge
ist jetzt aus.

Das Pinguinspiel

Und so wirds gespielt:

Die Kinder sitzen im Stuhlkreis oder auf Matten. Mit einem kleinen Abzählreim wird das erste Kind ausgesucht, das als Pinguin durch den Kreis watschelt. Dabei werden die Fersen aneinandergestellt, die Arme eng an den Körper gelegt und die Hände abgespreizt. So sucht sich „der Pinguin“ eine*n Spielpartner*in aus. Die beiden watscheln dann hintereinander her. Zum Schluss bleibt das erste Kind auf dem Boden sitzen und das zweite Kind sucht sich eine*n neue*n Spielpartner*in. Die Namen der jeweiligen Kinder werden in den Text eingebaut.

Tom ist unser Pinguin und watschelt Schritt für Schritt,
so watschelt er bis zu *Marie* und die geht mit ihm mit.
Gemeinsam watscheln sie herum, sie herum, sie herum.
Gemeinsam watscheln sie herum und danach fällt der *Tom* schon um.

Marie ist unser Pinguin und watschelt Schritt für Schritt,
so watschelt sie bis ...

Schneckentreffpunkt

Und so wirds gespielt:

Die Stühle werden zu einem Kreis zusammengestellt und die Kinder knien sich dahinter auf den Boden. Eines der Kinder kriecht als Schnecke durch den Kreis, zeigt auf ein anderes Kind, das nun ebenfalls durch Zuwinken ein Kind zum gemeinsamen Durch-den-Kreis-Kriechen einlädt. Dies wird so lange fortgesetzt, bis alle Kinder am Spiel beteiligt sind. Zum Schluss kriechen alle wieder zu ihrem Stuhl zurück.

Eine kleine Schnecke,
kriecht um eine Ecke.
Sie will hier spazierengehen,
doch dann bleibt sie einfach stehen.
Sie schaut ein wenig hin und her,
ob da nicht ein*e Freund*in wär.

Gerade kommt die neue Schnecke
Und biegt um die Ecke.
Sie will mit spazierengehen,
doch dann bleibt sie einfach stehen.
Sie schaut ein wenig hin und her,
ob da nicht ein*e Freund*in wär.

Schluss:
Nun kriechen alle Schnecken
schnell in ihre Ecken.
Dann ist es still im Schneckenhaus
und darum ist das Spiel jetzt aus.

Das Vormacher*in-Nachmacher*in-Spiel

Material:
eine Handtrommel

Und so wirds gespielt:
Die Kinder finden sich zu Paaren zusammen. Jeweils eines der beiden Kinder ist der bzw. die Vormacher*in, das andere der bzw. die Nachmacher*in. Diese Positionen wechseln nach jeder Übung. Die Vormacher*innen bekommen von der Spielleitung eine Aufgabe zugewiesen. Die Nachmacher*innen stehen in dieser Zeit ganz still im Raum verteilt. Dann machen die Vormacher*innen den Nachmacher*innen die Aufgabe vor. Sobald die Spielleitung die Handtrommel schlägt, führen die Nachmacher*innen die Aufgabe durch. Danach werden die Rollen getauscht und das Spiel beginnt von vorne.

Beispiele für pantomimische Aufgaben:
- mit dem Seil springen
- Tennis spielen
- Fenster putzen
- staubsaugen
- Wäsche aufhängen
- einen Hampelmannsprung machen
- Haare waschen
- Bonbon auspacken und essen
- eine Luftzahl schreiben
- eine Tür öffnen und schließen
- große Schritte machen
- drehende Windmühlen darstellen
- einen Nagel in die Wand schlagen
- auf einem Seil balancieren
- einen Regenschirm aufspannen und damit spazieren gehen
- in einem Kreis herumgehen
- eine Kerze anzünden und auspusten
- mit zackigen Bewegungen vorwärts-, rückwärts- oder seitwärtsgehen

Ausflug mit dem Fahrrad

Und so wirds gespielt:

Die Kinder finden sich zu Paaren zusammen. Sie setzen sich einander gegenüber auf den Boden. Der Abstand zwischen ihnen sollte so groß sein, dass sie ihre Fußsohlen aneinanderlegen und wie beim Fahrradfahren bewegen können. Die Spielleitung erzählt:

„Stellt euch vor, in den letzten Tagen hat es viel geregnet. Doch nun ist das Wetter wieder schön. Die Sonne scheint und ihr wollt mit eurer Freundin oder eurem Freund eine Fahrradtour mit dem neuen Tandemfahrrad machen. Das Rad wird aus der Garage geholt und ihr setzt die Fahrradhelme auf. Um zum Fahrradweg zu kommen, müsst ihr die Straße überqueren. Ihr bleibt am Straßenrand stehen und schaut, ob ein Auto kommt. Dabei dreht ihr den Kopf nach links, dann nach rechts und dann noch einmal nach links *(Den Kopf entsprechend bewegen)*. Als kein Auto kommt, überquert ihr die Straße und dann geht es los *(Die Fußsohlen aneinanderlegen und die Beine wie beim Treten der Pedale bewegen)*. Gemeinsam werden die Pedale bewegt und das Fahrrad setzt sich in Bewegung. Zuerst fahrt ihr langsam und dann immer schneller. Nach einer Weile biegt ihr auf einen Feldweg ein *(Die Beine etwas zu einer Seite hin drehen)*. Nun wird die Fahrt ein wenig holprig *(Den Körper ruckartig bewegen)*. Das gefällt euch sehr, doch bald versperren euch dicke Steine den Weg und ihr müsst in Schlangenlinien zwischen ihnen hindurchfahren *(Die Beine nach rechts und links bewegen)*. Danach geht es geradeaus weiter. Von vorne kommen andere Radfahrerinnen und Radfahrer. Ihr fahrt ganz rechts ran und winkt ihnen zu. Sie winken zurück *(Die Beine nach rechts bewegen und sich zuwinken)*. Nun seht ihr eine tiefe Schlammpfütze vor euch auf dem Weg, die sich durch den Regen der letzten Tage gebildet hat. Dabei ist der Sand zu einer kleinen Sprungschanze aufgeschwemmt worden, sodass ihr die Pfütze mit dem Fahrrad überspringen könnt. Ihr nehmt Anlauf und saust über sie hinweg. *(Die Beine schnell bewegen, dann kurz aufspringen)* Das hat so viel Spaß gemacht! Gleich probiert ihr es noch einmal *(Bewegung wiederholen)*. Leider geht beim letzten Sprung etwas daneben. Ihr landet mitten in der Pfütze und seid jetzt klitschnass. Damit ihr euch nicht erkältet, müsst ihr nun schnell nach Hause zurückfahren. Ihr saust los. Bei den Steinen fahrt ihr wieder in Schlangenlinie vorbei *(s. o.)*. An der Straße steigt ihr ab und schaut wieder nach links und rechts und wieder nach links *(s. o.)*. Als kein Auto kommt, schiebt ihr das Fahrrad schnell über die Straße. Es wird in die Garage gestellt und ihr zieht euch in eurem Zimmer trockene Sachen an."

Die Schmetterlingswiese

Material:
eine Feder („Zauberfeder“)

Und so wirds gespielt:
Bei diesem Mitmachfangspiel stehen die Kinder in einem großen Kreis. Ein Kind übernimmt die Rolle des Vogels und sitzt in der Kreismitte. Die Spielleitung erzählt nun folgende Geschichte, die Kinder machen die Bewegungen dazu.

„Stellt euch nun einmal vor, ihr befindet euch auf einer schönen Wiese mit dichtem Gras, vielen Löwenzahnblumen und unzähligen kleinen Marienblümchen. Und stellt euch auch vor, ich habe eine Zauberfeder, mit der ich euch in Schmetterlinge verwandeln kann. Wer die Zauberfeder spürt, setzt sich auf den Boden und stellt die Fußsohlen als Schmetterlingsflügel aneinander *(Bitte vorher einmal üben: Die Fersen zusammenstellen und die Zehenballen etwas nach außen halten. Wenn alle Kinder in Schmetterlinge verwandelt sind, wird der nachfolgende Text gemeinsam mit einer „Singsangstimme“ gesungen).*

Der Schmetterling, das kleine Ding, das flattert und flattert und flattert immerzu.	*Die Beine als Flügel auf und ab bewegen*
Bei einer schönen Blume kommt er kurz zur Ruh.	*Die Beine ruhighalten*

Als Schmetterlinge besucht ihr nun die Blumen rechts von euch und die Blumen links von euch *(Den Oberkörper weit nach rechts und links drehen)*. Auch die Blumen, die weit vor euch wachsen, werden von euch angeflogen *(Den Oberkörper entsprechend bewegen)*. Als ihr keinen süßen Nektar mehr findet, haltet ihr nach einer neuen Blume Ausschau. Etwas weiter entfernt entdeckt ihr eine Blume, die euch gut gefällt. Ihr verlasst eueren Platz und fliegt darauf zu *(Sich recken, herumschauen, aufstehen und sich woanders wieder hinsetzen).*

Der Schmetterling, das kleine Ding, das flattert ...	*s. o.*

Und wieder besucht ihr die Blumen rechts von euch und danach die Blumen links von euch *(Den Oberkörper weit nach rechts und links drehen)*. Auch die Blumen, die weit vor euch wachsen, werden von euch aufgesucht *(Den Oberkörper entsprechend bewegen)*. Danach ruht ihr euch für einen Moment aus. Eure Flügel stehen ganz still. Ihr beugt euch weit nach vorne und schließt für einen Moment die Augen *(Stillsitzen und den Kopf auf die Beine legen)*. Doch genau in diesem Moment kommt ein großer, schwarzer Vogel angeflogen. Er hat Hunger und sucht nach Futter. Ihr hört den Vogel und ihr spürt die Gefahr, die von ihm ausgeht. Eure winzigen Körper zittern ein wenig und ihr öffnet schnell die Augen *(Der „Vogel" fliegt durch den Kreis)*. Bald ist eure Angst so groß, dass ihr schnell davonfliegt. Doch der Vogel folgt euch und will euch schnappen *(Der Vogel versucht, einen Schmetterling zu fangen)*!" Wer gefangen wird, verwandelt sich in einen Vogel und sitzt mit in der Kreismitte.

Tipp:

Das Mitmachfangspiel kann im Sommer auch auf einer Wiese oder auf dem Kindergartenspielplatz durchgeführt werden.

Sport zu zweit

 **Und so wirds gespielt:**

Die Kinder finden sich zu Paaren zusammen. Die Spielleitung gibt ihnen unterschiedliche Bewegungen vor:

- „Setzt euch so hin, dass ihr die Fußsohlen aneinanderlegen könnt."
- „Hebt die Füße an und versucht, euch gegenseitig wegzudrücken."
- „Hebt die Füße an und versucht euch zuerst mit dem rechten und dann mit dem linken Fuß wegzudrücken."
- „Lasst die Füße aneinander und versucht, zuerst die rechte und dann die linke Hand anzufassen."
- „Bewegt die angehobenen Füße wie beim Fahrradfahren."
- „Legt die Beine etwas übereinander, fasst die Hände an und bewegt euch wie beim Rudern – vorwärts und rückwärts."
- „Lasst die Beine übereinanderliegen und versucht, euch gegenseitig rüberzuziehen.
- „Legt euch auf den Bauch, fasst euch an den Händen und versucht, euch gegenseitig wegzudrücken."
- „Setzt euch mit den Rücken aneinander und versucht, euch wegdrücken."
- „Einer von euch umklammert das Bein des bzw. der anderen, sodass das Vorwärtsgehen ganz schwerfällt."
- „Stellt euch ganz dicht hintereinander und geht so gemeinsam los."
- „Lauft Rücken an Rücken durch den Raum."
- „Fasst euch nur mit den Fingerspitzen an und geht so durch den Raum."
- „Fasst beide ein Ohr des Partners bzw. der Partnerin an und geht so durch den Raum."
- „Einer von euch soll ein Baumstamm sein, der andere rollt ihn fort."

Klarer Fall, wir fliegen heute rauf ins All

Mitmachgeschichten mit Stuhl – zum genauen Hinhören und Mitdenken

Die Reise zu fremden Planeten

Material:
CD mit rhythmischer Musik

Und so wirds gespielt:
Für diese Bewegungsreise wird je Kind ein Stuhl benötigt. Die Stühle stellen in der Geschichte Raumschiffe dar und werden über den Raum verteilt aufgestellt. Die Spielleitung erzählt nun folgende Geschichte, die Kinder machen die Bewegungen dazu.

„Stellt euch nun einmal vor, ihr wollt eine weite Reise durch den Weltraum machen. Euer Stuhl ist das Raumschiff, mit dem ihr Planeten besuchen wollt, die nur sehr selten Besuch bekommen. Es sind fremde, seltsame Planeten, auf denen es Zaubermusik gibt. Sobald sie erklingt, könnt ihr euch dort nur noch ganz merkwürdig bewegen. Und wenn die Musik aufhört, dann müsst ihr so schnell wie möglich zu eurem Raumschiff zurückkehren. Wer es nicht schafft, wird von dem Planeten festgehalten und kann nicht mehr weiter mitfliegen.
Als Erstes wollt ihr zum Wirbelplaneten fliegen. Wer auf dem Wirbelplaneten Musik hört, der kann nur noch wirbeln. Um dorthin zu fliegen, müsst ihr zuerst einmal das Raumschiff starten.
Haltet euch fest, denn die Reise beginnt. Ihr zählt von 10 zurück bis 0. 10, 9, 8 ... Ihr fliegt nach rechts. Ihr fliegt nach links. Ihr fliegt hoch und wieder runter. Nun ruckelt es heftig und ihr landet *(Am Stuhl festhalten, zählen, aufheulen und die einzelnen Bewegungen durchführen)*.
Gemeinsam verlasst ihr das Raumschiff und geht auf dem Wirbelplaneten herum *(Durch den Raum gehen)*. Plötzlich hört ihr die Zaubermusik und euer Körper beginnt heftig zu wirbeln *(Musik laufen lassen; den Körper ruckartig bewegen; nach einiger Zeit die Musik wieder stoppen)*. ‚Schnell, lauft alle zum Raumschiff zurück, die Reise geht weiter' *(Gemeinsam laut rufen und sich zurück auf den Stuhl setzen)*.
Der nächste Planet, den ihr besuchen wollt, ist der Stampfplanet. Wer auf dem Stampfplaneten die Zaubermusik hört, der kann nur noch stampfen. Damit ihr dorthinfliegen könnt, müsst ihr zuerst wieder das Raumschiff starten. Dazu zählt ihr wieder von 10 zurück bis 0. 10, 9, 8 ... *(Bewegungen s. o.)*. *(Weitere Planeten, die besucht werden können, s. u.)*

Jetzt geht eure Reise leider zu Ende und das Raumschiff muss die weite Rückreise antreten. Ihr startet und zählt wieder von 10 zurück bis 0. 10, 9, 8 .... Haltet euch fest, denn die Rückreise beginnt jetzt. Ihr fliegt nach rechts. Ihr fliegt nach links. Ihr fliegt hoch und runter *(Bewegungen s. o.)*. Nun ruckelt es heftig und das Raumschiff landet wieder auf der Erde.“

Weitere Planeten, die besucht werden können:

- der Summ- und Brummplanet, auf dem die Jungen summen und die Mädchen brummen
- der Kuschelplanet, auf dem alle miteinander kuscheln
- der Berührmichplanet, auf dem man nur weitergehen kann, wenn man jemanden berührt
- der Guten-Tag-Planet, auf dem man sich immer verbeugt und „Guten Tag“ sagt
- der Kitzelplanet, auf dem man sich gegenseitig kitzelt

Abenteuer in der alten Bauernhofscheune

Und so wirds gespielt:

Für dieses Präpositionsspiel wird je Kind ein Stuhl benötigt. Die Stühle stellen in der Geschichte Strohballen dar und werden so zu einem Kreis zusammengestellt, dass zwischen ihnen große Lücken vorhanden sind. Die Kinder verwandeln sich in Mäuse und sitzen zu Beginn des Spiels auf ihren Stühlen. Die Spielleitung übernimmt beim Vorlesen den Part der Katze und bewegt sich dabei pantomimisch, immer so, wie es der Text vorgibt.

„Stellt euch nun einmal vor, unser Kreis verwandelt sich in die alte Scheune von Bauer Heinrich und eure Stühle sind Strohballen, die in der Scheune herumliegen. Und stellt euch auch vor, ihr seid eine kleine Maus und habt euer Nest unter einem der großen Strohballen. Euer Name ist Masu.
Natürlich gibt es auf dem Bauernhof auch eine Katze. Sie heißt Mietze. Mietze ist oft in der alten Scheune unterwegs, denn sie will Masu fangen. Bislang ist es ihr aber nicht gelungen, denn Masu ist schlau und sie ärgert Mieze gerne. Immer wenn sich die Katze anschleicht, verschwindet Masu schnell bei den Strohballen und Mieze kann ihr nicht folgen.
Gerade jetzt schleicht die Katze wieder durch das große alte Scheunentor in die Scheune *(Die „Katze“ geht in den Kreis)*. Masu sieht sie sofort, denn sie geht gerade ein wenig in der Scheune spazieren *(Die „Mäuse“ gehen durch den Kreis)*. Doch auch Mietze sieht Masu sofort. Leise schleicht sie sich an sie heran. Als sie sich jedoch auf sie stürzen will, verschwindet Masu schnell hinter einem Strohballen.
Mietze rennt hin *(Die „Katze“ bewegt sich auf die Kinder zu)*. Doch die Maus hat ihren Platz schon längst wieder verlassen. Sie versteckt sich gerade vor dem Strohballen. Als Mietze auch dort aufkreuzt, springt sie schnell auf die linke Seite des Strohballens. Aber auch dort bleibt Masu nicht lange, denn als Mietze kommt, rennt sie schnell auf die rechte Seite des Ballens. *(Die Kinder machen alle genannten Bewegungen mit)*
Mietze entdeckt sie auch dort und es beginnt ein wahres Katz-und-Mausspiel, denn Masu versteckt sich gerade hinter dem Ballen. Von hinten rennt sie nach vorne. Von vorne geht die wilde Sause zur linken Seite und von der linken Seite springt sie wieder hinter den Strohballen. Doch auch dort kann Mieze Masu nicht fangen, denn nun rennt sie wie verrückt um den Strohballen herum.

Als Mieze Masu dabei gefährlich nahekommt, springt Masu auf den Strohballen. Leider ist sie auch dort nicht sicher. Gerade als die Katze auf den Strohballen springen will, krabbelt Masu schnell herunter und versteckt sich hinter einem anderen Strohballen. Mieze rennt hinterher. Aber Masu ist schlau, denn gerade in dem Moment, als die Katze zuschnappen will, rennt sie zu zu ihrem Nest zurück und versteckt sich tief unter ihrem Strohballen. Dort bleibt sie ganz lange und ganz still liegen. *(Die Kinder tauschen die „Strohballen" und kehren zu ihren eigenen zurück)*
Mieze wartet und wartet und als Masu gar nicht wieder unter dem Strohballen hervorkommt, schleicht sie betrübt aus der Scheune heraus und lässt sich von Bauer Heinrich mit einer Schale Milch trösten *(Die „Katze" verlässt den Kreis)*."

Was sind denn das für „Dinger"?

Und so wirds gespielt:

Die Stühle sind mit Abstand voneinander im Raum verteilt. Jedes Kind steht zunächst hinter seinem Stuhl. Die Spielleitung liest den Kindern den Text zuerst einmal vor und sie probieren die einzelnen Aufgaben mit den Stühlen aus. Beim zweiten Mal Vorlesen machen sie die Aufgaben gleich mit. Dabei ist es wichtig, dass der Text langsam und mit Pausen für das Ausführen der jeweiligen Aufgaben vorgelesen wird.

„Vor einer unendlich langen Zeit wanderten Stühle, die so ähnlich aussahen wie diese, aus dem Land der fitten Stühle aus, denn es gab einfach zu viele von ihnen und das Land war zu klein geworden. Auf ihrer Wanderung kamen sie auch zu den Menschen. Doch die Menschen konnten nichts mit ihnen anfangen, denn sie hatten noch nie Stühle gesehen.
‚Oh, eine prima Kopfbedeckung', sagten die einen und sie hielten sich die Stühle über den Kopf, damit sie bei Regen nicht mehr nass wurden *(Den Stuhl über den Kopf halten)*. ‚Nein, das ist ein guter Platz, um darunter ein Nickerchen zu machen', meinten die anderen und legten sich zum Schlafen darunter *(Unter den Stuhl krabbeln und sich hinlegen)*. ‚Man kann darauf herumturnen', riefen die Kinder und sie probierten allerlei Sachen aus, die man mit den seltsamen Teilen anfangen konnte *(Sich selbst etwas ausdenken)*. Einer rief: ‚Man kann damit eine lange Schlange machen!' Und alle Stühle wurden zu einer Schlange hintereinander aufgestellt *(Alle Stühle hintereinander aufstellen)*. ‚Es ist der Panzer einer Schildkröte', sagte ein Mädchen, und sofort schnappte sich jeder einen Stuhl, legte sich darunter und kroch als Schildkröte damit herum *(Bewegung nachmachen)*.
‚Man kann sie zu einem Kreis zusammenstellen', überlegte eine Oma, und die Stühle wurden in einem großen Kreis aufgestellt *(Stühle mit etwas Abstand voneinander im Kreis aufstellen)*. Und weil sie zwischen den Stühlen Platz gelassen hatten, rannten die Kinder durch die Lücken *(Bewegung nachmachen)*. ‚Man kann auch kriechen!', rief die Oma, und alle krochen zwischen den Stuhllücken herum *(Auf dem Boden herumkriechen)*. ‚Man kann auch hüpfen', meinte ein Opa, und alle hüpften zwischen ihnen hindurch *(Zwischen den Stühlen herumhüpfen)*.
‚Die merkwürdigen Teile sind prima Tanzpartner', meinte dann die Oma. Sie schnappte sich einen Stuhl und drehte sich damit im Kreis. Und wie kann es auch anders sein: Alle anderen

schnappten sich auch einen Stuhl. Und als der Opa die Musik anstellte, da tanzten sie mit den Stühlen herum *(Mit einem Stuhl tanzen)*.
Danach waren sie so müde, dass sie die Stühle wieder auf dem Boden abstellten. Und da die Oma besonders müde war, setzte sie sich einfach darauf *(Sich auf die Stühle setzen)*. ‚Oooh!', rief sie ganz überrascht, ‚das ist aber bequem!'. Sie steckte ihre Füße weit nach vorne aus *(Füße nach vorne strecken)*. Sofort setzten sich auch alle anderen auf die Stühle und von diesem Moment an wussten sie endlich, was sie mit den seltsamen ‚Dingern' machen konnten, die so plötzlich zu ihnen gekommen waren. Und seitdem werden Stühle überall auf der ganzen Welt zum Sitzen benutzt."

Flick und Flack, die Wiesengeister

Und so wirds gespielt:

Bei dieser Herumlauf-Hinsetz-Geschichte stehen bei „Flick" die Mädchen kurz von ihrem Stuhl auf, bei „Flack" die Jungen. Bei „Wiesengeister" laufen alle um den Stuhl herum. Bei einer Wiederholung der Geschichte können die Rollen getauscht werden.

„*Flick* und *Flack*, die zwei *Wiesengeister*, haben allerlei Unsinn im Kopf. Statt jeden Morgen in der Gartenschule zu sitzen, um all das zu lernen, was *Wiesengeister* wissen müssen, schleichen sie sich lieber davon und gehen auf Entdeckungsreise. Die anderen Gartenbewohner kennen die beiden Lausegeister schon lange und sie fürchten sich ein wenig vor ihnen.
So ist es auch an diesem Tag. Noch bevor der Unterricht beginnt, sagt *Flick* zu *Flack*: ‚Los *Flack*, beeil dich, wir wollen heute die Grashüpfer erschrecken! Und schon fliegen die beiden leise davon.
Hüpfi, der Grashüpfer, sitzt wie immer still auf einem Grashalm, als *Flick* sich an ihn heranschleicht und genau hinter ihm fürchterlich laut heult. Hüpfi macht einen Riesensprung

nach vorne. Dabei landet er unsanft auf seinem Grashüpferpo. Er schimpft fürchterlich über *Flick*, doch der ist schnell davongeflogen.
Flick sieht, wie sich *Flack* ganz leise an Meisi heranschleicht. Meisi ist eine Blaumeise und zieht gerade einen langen Regenwurm aus dem Boden, um ihn zum Frühstück zu verspeisen. Meisi sieht und hört *Flack* nicht und darum kann *Flack* ihr eine schöne Feder aus dem Schwanz ziehen. Meisi schnappt mit ihrem Schnabel nach ihm. Sie erwischt ihn am Bauch und *Flack* quietscht laut. Schnell fliegt er zu *Flick* zurück, denn er hat gesehen, dass *Flick* auf der Wiese einen Maulwurf entdeckt hat.
Der Maulwurf liegt auf seinem Maulwurfhügel und sonnt sich gerade ein wenig in der Morgensonne, denn er ist schon ziemlich alt und in der Erde ist es kalt. *Flick* wirft mit Sand nach ihm. Vor Schreck rollt der Maulwurf von seinem Erdhaufen herunter und macht dabei einen Purzelbaum. Er rappelt sich auf, rennt schnell wieder auf seinen Hügel und kriecht auf Nimmerwiedersehen in die Erde hinein.
Etwas weiter spielen zwei Mistkäfer mit einer Mistkugel Fußball. Die beiden *Wiesengeister* fliegen auf sie zu, schnappen sich die Kugel und rollen sie davon. Doch leider stinkt die Mistkugel fürchterlich und darum lassen sie sie liegen.
In der Zwischenzeit sind *Flick* und *Flack* schon ein wenig müde geworden und darum fliegen sie in ihre Geisterhöhle zurück. Die Höhle befindet sich in einem hohlen Baumstamm. Doch leider steht der Geisterlehrer davor und wartet schon auf die beiden Ausreißer: ‚Oh, oh, das gibt Ärger‘, flüstert *Flack Flick* zu. Und so ist es dann auch. Der Geisterlehrer schaut sehr böse aus und er hat sich auch schon eine Strafe für die beiden *Wiesengeister* überlegt. Und so müssen die beiden *Wiesengeister* die Geisterschule ausfegen, den Garten aufräumen, die Mistkugel zurückbringen, Meisi die Vogelfeder übergeben und sich beim Grashüpfer entschuldigen. Als sie damit fertig sind, bekommen sie das Geisterschulbuch in die Hand gedrückt, um daraus fünf Seiten auswändig zu lernen. ‚Puh‘, sagt *Flack* zu *Flick*, als alles geschafft ist, ‚ich bin so müde, dass ich am liebsten auf der Stelle einschlafen würde‘. ‚Ich auch‘, flüstert *Flick* zurück und schon fallen ihm die Augen zu. *Flack* kann gerade noch verhindern, dass er vom Stuhl fällt. Mit letzter Kraft schnappt er sich *Flick* und legt ihn in sein Geisterbett. Danach haben die beiden nie mehr die Schule geschwänzt und die Gartenbewohner hatten endlich ihre Ruhe vor den beiden Gartengeistern.“

Tipp:
Damit die Kinder die Geschichte kennenlernen können, liest sie die Spielleitung zunächst einmal vor, ohne dass dabei die Bewegungen durchgeführt werden.

Das Hochhausspiel

Und so wirds gespielt:

Es sollten so viele Stühle vorhanden sein, wie Kinder mitspielen. Die Stühle stehen mit Abstand voneinander im Raum verteilt, die Kinder stellen sich davor. Die Spielleitung erzählt nun folgende Geschichte, die Kinder machen die Bewegungen dazu.

„Stellt euch einmal vor, ihr wohnt in einem Hochhaus mit vielen Etagen. Eure Wohnung ist ganz oben unter dem Dach. Man kann sie über das Treppenhaus und mit dem Fahrstuhl erreichen. Ihr lauft aber immer gerne die Treppen rauf und auch wieder hinunter *(Auf den Stuhl und wieder heruntersteigen)*. Wenn ihr eure Etage erreicht habt, müsst ihr zuerst durch den langen Flur gehen *(Um den Stuhl herumgehen)*. Wenn ihr keine Zeit habt, dann lauft ihr ganz schnell *(Schneller um den Stuhl herumlaufen)*. Wenn ihr viel Zeit habt, dann trödelt ihr auch gerne herum. Dabei geht ihr dann ganz langsam durch den langen Flur *(Langsam um den Stuhl herumgehen)*. Manchmal hüpft ihr sogar bis zur Wohnungstür *(Um den Stuhl herumhüpfen)*.

Am Nachmittag wollt ihr immer gerne draußen auf dem Spielplatz spielen. Meistens rennt ihr dann über den Flur und lauft auch die Treppe schnell hinunter *(Schnell um den Stuhl herumlaufen und dabei mehrmals rauf- und runtersteigen)*.

Wenn euch die Mama am Abend zum Essen ruft, habt ihr oft noch keine Lust. Meistens geht ihr dann die Treppen ganz langsam wieder hoch und trödelt über den Flur bis zur Wohnungstür (*Langsam auf den Stuhl und wieder heruntersteigen und langsam um den Stuhl herumgehen)*.

Ab und zu fahrt ihr auch gerne mit dem Fahrstuhl *(Auf den Stuhl setzen)*. Es ist ein ganz besonderer Fahrstuhl, denn man kann selbst entscheiden, wie schnell man damit fahren will. Wenn man auf den gelben Knopf drückt, dann fährt er ganz schnell hoch und runter *(Schnell aufstehen und wieder setzen)*. Drückt man auf den roten Knopf, dann fährt er ganz langsam *(Ganz langsam aufstehen und wieder setzen)*.

Einmal war der Fahrstuhl jedoch kaputt. Als ihr auf den gelben Knopf gedrückt habt, da hat er bei der fünften Etage plötzlich ganz wild geruckelt und gezuckelt *(Bis fünf zählen und den Körper kräftig schütteln)*.

In der achten Etage ist er dann einfach stehen geblieben *(Bis acht zählen und stillsitzen)*. Erst als ihr zweimal auf den roten Knopf gedrückt habt, ging es schnell weiter. Er ruckelte und

zuckelte und fuhr mit euch bis zur zehnten Etage hoch. Dort blieb er dann wieder stehen *(Den Körper schütteln, bis zehn zählen und stillsitzen)*.
Als ihr noch einmal auf den roten Knopf gedrückt habt, fuhr der Fahrstuhl gleich sechsmal mit euch rauf und wieder hinunter *(Sechsmal aufstehen und wieder hinsetzen)*.
Doch schließlich ist er in der fünften Etage stehen geblieben. Und da dort einer eurer Freunde wohnt, seid ihr gemeinsam zum Spielen ins Spielzimmer gegangen (*Bis fünf zählen, herumgehen und sich zu zweit hinter einen Stuhl setzen)*."

 **Tipp:**

Besprechen Sie mit den Kindern vorab die einzelnen Stationen der Geschichte.

Das Ausprobierspiel mit dem Stuhl

Material:
zwei kleine Bälle, CD mit flotter Musik

Und so wirds gespielt:
Die Stühle stehen im Kreis und jedes Kind steht hinter seinem eigenen Stuhl. Zwischen den Stühlen ist so viel Abstand, dass sich die Kinder problemlos zwischen ihnen hindurchbewegen können.

Die Kinder schauen sich ihren Stuhl zuerst einmal ganz genau an und gehen dabei um ihn herum. Sie zählen all die Dinge auf, die sie sehen (vier Beine, eventuell zwei Querstangen, eine Rückenlehne, einen Sitz, Armlehnen).
Danach wird der Stuhl mit den Händen befühlt. Dabei beschreiben sie seine Eigenschaften (hart oder weich, kalt oder warm, leicht oder schwer, groß oder klein usw.) sowie das Material (Holz, Plastik, Metall etc.) und die Farbe.

Gemeinsam werden nun möglichst viele Dinge ausprobiert, die man mit einem Stuhl machen kann. Die Spielleitung gibt sie vor:

- „Lauft (krabbelt, hüpft) um den Stuhl herum."
- „Stellt euch vor (hinter, neben, auf) den Stuhl, legt euch unter den Stuhl, kniet oder setzt euch auf den Stuhl."
- „Stützt euch auf den Sitz an beiden Seiten auf und springt hin und her."
- „Kriecht vorwärts unter dem Stuhl hindurch und rückwärts wieder zurück."
- „Stellt den Stuhl so hin, dass er nicht mehr auf seinen Beinen steht, und probiert verschiedene Sitzvarianten aus."
- „Legt euch mit dem Bauch auf den Sitz und macht mit den Armen und Beinen einige Schwimmübungen."
- „Kriecht mit dem Bauch über den Sitz und unter dem Stuhl hindurch wieder zurück."
- „Berührt den Stuhl sanft mit verschiedenen Körperteilen, z. B. mit dem Kopf (dem Bein, dem Fuß, der Schulter, dem Knie, den Ellbogen, der Nase)."
- „Legt abwechselnd ein Ohr auf den Sitz und kratzt, tippt, klopft, streichelt von unten an die Sitzfläche."
- „Lauft (hüpft, krabbelt) gemeinsam durch die Stuhllücken hindurch."
- „Geht gemeinsam rückwärts durch die Stuhllücken hindurch."
- „Geht zu zweit dicht hintereinander durch die Stuhllücken hindurch."
- „Bildet Paare. Ein Kind führt das andere, das dabei die Augen geschlossen hat, durch die Stuhllücken hindurch."
- „Stellt euch vor (hinter, auf) den Stuhl und reicht einen Ball o. Ä. von einem Kind zum nächsten weiter *(rechts und links herumgeben)*."
- „Stellt euch vor den Stuhl und gebt zwei Bälle herum, den einen rechts und den anderen links herum."
- „Reicht einen Ball rechts und einen Ball links herum möglichst schnell weiter. Sieger ist der Ball, der als Erster wieder bei der Spielleitung ankommt."

Abschlussspiel:

Die Kinder laufen nach der Musik durch den Kreis. Wird die Musik ausgestellt, setzen sich immer zwei Kinder auf einen Stuhl. Wer keine*n Stuhl-Partner*in hat, setzt eine Runde aus. Es muss ein Stuhl weniger vorhanden sein, als Kinder mitspielen.

Der Wettlauf durch den Wald

 **Und so wirds gespielt:**

Für diese Bewegungsgeschichte sollten so viele Stühle vorhanden sein, wie Kinder mitspielen. Die Stühle stehen mit Abstand voneinander im Raum verteilt, sodass sie problemlos um sie herumlaufen können. Die Spielleitung erzählt nun folgende Geschichte, die Kinder machen die Bewegungen dazu.

„Stellt euch nun einmal vor, ihr wollt alle zusammen an einem Wettlauf teilnehmen. Der Lauf führt euch durch einen Wald. Ihr stellt euch an der Startlinie auf und wartet auf das Startzeichen (*Wie bei einem Wettlauf leicht gebückt vor dem Stuhl stehen).*
Der Starter zählt von 10 bis 0 rückwärts und schießt dann mit der Startpistole in die Luft *(Gemeinsam zählen und „peng!" rufen).*
Ihr rennt los *(Mit schnellen Schritten um den Stuhl herumlaufen).* Doch bald wird der Waldweg matschig und ihr kommt nur noch langsam voran. Ihr hebt eure Beine beim Laufen ganz weit nach oben an *(Mit ausholenden Schritten langsam laufen).*
Nun versperrt euch ein Baumstamm den Weg. Ihr könnt nicht daran vorbeilaufen, sondern müsst über ihn hinwegklettern *(Über den Stuhl steigen)* Danach rennt ihr weiter *(Um den Stuhl herumlaufen).*
Plötzlich ragen fünf Baumwurzeln aus der Erde heraus. Damit ihr nicht stolpert, müsst ihr vorsichtig über sie drüberspringen *(Auf die Sitzfläche aufstützen und fünfmal hin- und herspringen).* Als das geschafft ist, geht der Lauf schnell weiter. Jeder will der Erste oder die Erste sein *(Schneller laufen).*
Doch nun breitet sich vor euch eine große Wasserpfütze aus. Es führt kein Weg daran vorbei. Mit großen Schritten geht ihr durch die Pfütze. Das Wasser spritzt nach allen Seiten auseinander *(Mit großen Schritten um den Stuhl herumgehen).*
Nun ist es nicht mehr weit und ihr habt das Ziel fast erreicht. Leider liegen drei große Steine auf dem Weg. Mit drei hohen Hüpfern springt ihr über sie hinweg und dann rennt ihr dem Ziel entgegen *(Hüpfen und weiterlaufen).*
Leider geht euch unterwegs die Puste aus und ihr braucht eine Pause. Ihr setzt euch kurz auf einen Baumstamm und holt ein paar Mal tief Luft *(Auf den Stuhl setzen und tief ein- und ausatmen).* Danach rennt ihr wieder los *(Schnell weiterlaufen).*

Nun habt ihr die Ziellinie erreicht. Einige Zuschauer applaudieren laut und freuen sich mit euch *(Die Spielleitung klatscht)*.
Ein Fotograf will ein Gruppenfoto von euch machen. Schnell stellt ihr euch auf und lächelt in die Kamera *(Sich gemeinsam aufstellen, die Spielleitung macht pantomimisch ein Foto)*.
Danach geht ihr alle wieder nach Hause und ruht euch für den nächsten Wettkampf aus *(Zum eigenen Stuhl zurückgehen)*."

Wassili macht Urlaub im Meer

Und so wirds gespielt:

Bei dieser Wasserkreislaufgeschichte sitzen die Kinder im Stuhlkreis. Die Mitte stellt das große Meer da. Ein Kind spielt Wassili, alle anderen sind kleine Wassertropfen. Die Spielleitung erzählt nun folgende Geschichte und die Kinder machen die Bewegungen dazu.

„Stellt euch nun einmal vor, ihr seid alle kleine Wassertropfen. Ihr wohnt in einer großen Wolke und schwebt am Himmel entlang *(Die Arme anheben und den Körper leicht hin- und herbewegen)*.
Wassili ist einer von euch. Und als ihr genau über dem großen Ozean angekommen seid, lässt euch die Wolke fallen. Als Erster fällt Wassili ins Wasser *(„Wassili" setzt sich in die Kreismitte)*. Kaum ist er dort angekommen, da fallt auch ihr aus der Wolke heraus und landet genau neben ihm *(Alle anderen Kinder setzen sich nacheinander zu Wassili)*.
Mit den Wellen bewegt ihr euch hin und her und hin und her. Manche Wellen sind so klein, dass sie euch nur ganz leicht hin- und herbewegen *(Den Körper entsprechend hin- und herbewegen)*.
Doch Wassili und ihr liebt besonders den stürmischen Wind, der das Wasser aufwirbelt und euch nach vorne, nach hinten, nach rechts und nach links wirbelt *(Den Oberkörper mehrfach in alle Richtungen bewegen)*. Manchmal ist der Wind auch ganz still. Dann liegt auch ihr ganz still auf der Wasseroberfläche. Ihr breitet euch aus und lasst euch treiben *(Stillliegen und die Arme und Beine abspreizen)*.
An einem besonders schönen und warmen Tag trifft ein Sonnenstrahl genau neben Wassili auf dem Wasser auf. Wassili greift danach und sofort wird er von dem Sonnenstrahl aus dem Wasser herausgezogen. Er ruft seinen Freunden zu: ‚Kommt mit, wir machen wieder eine Reise hoch oben über dem Meer'. Da greift auch ihr nach einem Sonnenstahl und – schwuppdiwupp – klettert einer nach dem anderen von euch nach oben. Leicht wie eine Feder schwebt ihr dort durch die Luft *(Aufstehen und herumtänzeln)*.
Doch nach einer Weile wird es Wassili dort oben zu kalt. Er friert entsetzlich. Um sich aufzuwärmen, klammert er sich an seinen besten Freund. Sie umarmen sich und schon wird ihm wärmer *(Wassili umarmt eine*n Mitspieler*in)*. Und als die beiden so fest miteinander verbunden sind, da passiert es, sie werden zu einem winzig kleinen Wölkchen.

Nun wird es euch auch zu kalt. Ihr schwebt auf die beiden zu und kuschelt euch bei ihnen an. Dadurch wird das Wölkchen immer größer, dunkler und schwerer (*Einen engen Kreis bilden und die Arme auf die Schultern der anderen legen).*
Schon bald ist die Wolke so groß und so schwer, dass der Wind sie nur noch mit sehr viel Mühe vor sich hertreiben kann. Dabei stöhnt er laut und brummt das alte Windlied, das er schon seit ewigen Zeiten singt und brummt *(Die Spielleitung singt den nachfolgenden Text mit einer leichten Singsangstimme)*:

Ich treibe die Wolke über das Meer, sie schaukelt mal hin und schaukelt mal her.	*Sich gemeinsam hin- und herbewegen*
Sie schwebt auch mal rauf und mal runter, ich mache sie fröhlich und munter.	*Sich etwas strecken und dann nach unten beugen*
Mal ist sie ganz laut und dann wieder leis,	*Stampfen und dann stillstehen*
ich drehe sie manchmal sogar rund im Kreis.	*Sich gemeinsam im Kreis drehen*
Doch ist die Wolke zu groß und zu schwer, dann platzt sie auf und ist wieder leer.	*Zum Stuhl zurücklaufen*

Die Autorin

Anna Thekla Ruhe ist seit über dreißig Jahren Gruppenleiterin in einem Kindergarten in Surwold/Niedersachsen. Sie bietet Fortbildungen zur Sprachförderung an. Den Schwerpunkt legt sie dabei auf die kreative Verbindung von Sprache und Bewegung.

Verzeichnis der Bewegungsspiele

Weitere Bücher von Anna Thekla Ruhe

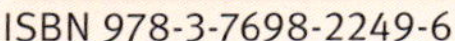

ISBN 978-3-7698-2249-6

ISBN 978-3-7698-2280-9

ISBN 978-3-7698-2333-2

ISBN 978-3-7698-2413-1

www.donbosco-medien.de

Erhältlich im Fachhandel oder auf www.donbosco-medien.de

LEBENDIG. KREATIV. PRAXISNAH.